NICOLE UPHOFF
Traumkarriere im Sattel

NICOLE UPHOFF
Traumkarriere im Sattel

ELKE
MÜLLER-MEES

FRANCKH-
KOSMOS

Mit 85 Farb- und 29 Schwarzweißbildern von
Bongarts: 48 u, 56, 92; Christen: 36, 54, 64, 74, 82, 83, 84; Ernst: 5, 32, 33, 37, 38, 39, 40, 41, 42, 43, 44, 45, 47, 49, 53, 58, 59, 61, 63u, 65, 66, 67, 69 o, 70, 71, 73, 86, 87, 88, 89, 90, 91; Kirchner: 23, 28; Knobloch: 55; Korioth: 15; Müller-Mees: 10, 27, 29, 59 or, 76, 77, 78, 79; Poudret: 35; Rudel: 72, 75 o; Schöpal: 2–3, 63o; St. Georg: 46, 48 o; Uphoff: 6, 8, 9, 12, 13, 16, 17, 18, 19, 20, 21, 22, 24, 25, 26, 31, 50, 57, 59 ol, 59 u; Weiland: 34, 62, 68, 69 u, 75 u, 80, 81.

Umschlaggestaltung von Atelier Reichert, Stuttgart, unter Verwendung von Fotos von Werner Ernst (3) und Edgar Schöpal (1).

Die Deutsche Bibliothek — CIP-Einheitsaufnahme

Müller-Mees, Elke:
Nicole Uphoff : Traumkarriere im Sattel / Elke Müller-Mees. — Stuttgart : Franckh-Kosmos, 1992
   ISBN 3-440-06577-4

© Franckh-Kosmos Verlags GmbH & Co., Stuttgart
Alle Rechte vorbehalten
ISBN 3-440-06577-4
Lektorat: Sigrid Eicher
Herstellung: Siegfried Fischer
Printed in Italy/Imprimé en Italie
Satz: Typobauer Filmsatz GmbH, Ostfildern
Druck und buchbinderische Verarbeitung:
Printer Trento s.r.l., Trento, Italien

Inhalt

Wunschkind Nicole 6	Seoul und die Folgen 54
Barbie-Puppen und Steckenpferde 7	Der Erfolg hat viele Väter 60
„Teilweise ganz schön muksig" 10	Höher geht's nimmer 66
Ein Jahr auf Schulpferden 11	Ganz oben – und nun bergab? 72
Mit Waldfee wird es ernst 15	**Endlich selbständig** 76
Dressur – unterste Schublade! 17	Die Natürlichkeit der Pferde erhalten 78
Die beste Freundin 21	Spezifisch weiblich? 82
Zuwachs im Stall: Askan und Rembrandt 23	Ausgerechnet ein Springreiter! 85
Ein Lehrgang mit Folgen 25	**Barcelona 1992** 88
Jedes Jahr eine Stufe höher 26	
Diskofieber 30	
Reiten – das ist doch kein Beruf! 31	
Der Durchbruch 34	
Nur vier Monate bis Seoul 38	
Rennbahntraining für Remmi 41	
Seoul 1988 – ein Traum wird wahr 45	
Remmi 50	

6

Wunschkind Nicole

Der 25. Januar 1967 war einer der trüben Wintertage, wie sie im Ruhrgebiet häufig sind. In der Städtischen Frauenklinik in Duisburg erblickte um genau 19.28 Uhr ein Baby das Licht der Welt: 3450 Gramm schwer und 53 Zentimeter lang. Es war eine schwere Geburt, das Kind mußte mit der Zange geholt werden.

Die Mutter: „Ein Wunschkind! Ich wollte immer ein Mädchen und immer eine Nicole."

Bessere Voraussetzungen für die Entwicklung eines Menschen gibt es kaum. Das Kind wird in eine Kaufmannsfamilie hineingeboren, in der Sport nicht die Hauptrolle spielt: Zwar spielte Jürgen Uphoff als junger Mann sehr aktiv Fußball und spielt heute noch in seiner knapp bemessenen Freizeit wenigstens einmal in der Woche Tennis. Ursula Uphoff dagegen sagt von sich selbst: „Rein sportlich war ich immer eine totale Niete." Sie, die sehr viel Ehrgeiz in ihrem Beruf entwickelt, hat im sportlichen Bereich keinerlei Ambitionen und kann sich zu sportlichen Leistungen in der Freizeit nicht aufraffen.

Die Anfänge waren für Jürgen Uphoff und seine Frau Ursula hart gewesen. Sie waren in derselben Speditionsfirma angestellt, die sie später übernahmen. Mit viel Einsatz und ohne Hilfe arbeiteten sie sich hoch. Ursula — wie ihr Mann „vom Fach", gelernte Speditionskauffrau — hatte mitarbeiten müssen. Der richtige Zeitpunkt für ein Kind war gekommen, als die Firma endlich einigermaßen lief und Ursula Uphoff es sich leisten konnte, zu Hause zu bleiben. Sie war siebenundzwanzig, als ihre Tochter geboren wurde.

1967 — was für ein Jahr! Was für eine Zeit, in die

Mit fünf Monaten sieht auch eine spätere Olympiasiegerin nicht anders aus als andere Babys.

dieses Kind hineingeboren wurde! Jahre des Umbruchs, des Umdenkens und des Widerspruchs kündigten sich an.

1967 starb Altbundeskanzler Konrad Adenauer; die Bundesrepublik stand wirtschaftlich trotz des verlorenen Kriegs wieder glänzend da.

1967 hielt Karin Storch die Abiturientenrede „Erziehung zum Ungehorsam" und wurde dafür mit dem Theodor-Heuss-Preis ausgezeichnet.

1967 besuchte der Schah von Persien die Bundesrepublik und löste damit eine Welle von Demonstrationen gegen seine diktatorische Herrschaft aus. In Berlin wurde dabei der Student Benno Ohnesorg von einem Polizeibeamten erschossen. Radikale Jugendliche, vor allem aus dem Hochschulbereich, begannen weltweit, Fragen zu stellen und in Frage zu stellen: Werte, Institutionen und Traditionen wurden plötzlich nicht mehr als gottgegeben und unabänderlich hingenommen, sondern mußten ihre Berechtigung unter Beweis stellen. Idol dieser Jugend wurde „Che" Ernesto Guevara, der kubanische sozialistische Revolutionsführer, der 1967 starb.

1967 arbeitete ein Industriearbeiter in der Bundesrepublik für ein Kilo Butter genau eine Stunde 39 Minuten.

1967 gelang dem Südafrikaner Christiaan Barnard die erste Herztransplantation.

Und wie stand es 1967 mit der Rolle der Frau im Sport?

Als die modernen Olympischen Spiele 1896 ins Leben gerufen wurden, durften Frauen zwar – anders als in der Antike – diesem Männerspektakel zuschauen, der sportliche Weg nach Athen jedoch war ihnen zunächst von Männern verstellt. 1912 wurden sie im Schwimmen und Tennis zugelassen, nicht aber in der Leichtathletik. Vor 1928 waren Frauen überhaupt nur in drei Disziplinen dabei: im Eiskunstlauf, Fechten und Schwimmen.

Bei der Olympiade in Amsterdam 1928 durften sich Frauen zum erstenmal um leichtathletische und turnerische Medaillen bewerben. Nach dem Verständnis ihres Initiators Pierre Baron de Coubertin sollten die modernen Olympischen Spiele der sittlich-religiösen Erneuerung der Jugend dienen, und das ganze Ritual und Zeremoniell mit Fanfaren, Einmarsch, Flaggenparade, olympischer Flamme und olympischem Eid erinnerte sehr an die Idee der Männerbünde. Von Frauen war in diesem Zusammenhang nicht die Rede.

In der Grußbotschaft, die Baron de Coubertin 1928 nach Amsterdam schickte, brachte er dies deutlich zum Ausdruck: „Der Teilnahme von Frauen an den Spielen stehe ich nach wie vor ablehnend gegenüber. Gegen meinen Willen sind sie bei einer allmählich wachsenden Zahl von Wettbewerben zugelassen worden."

Trotzdem beschloß das Olympische Komitee 1931 in Barcelona die Zulassung von Frauen zu den Olympischen Spielen: Frauen durften sich 1932 in Los Angeles zusätzlich im Hochsprung und Speerwerfen messen. 1934 wurde entschieden, Frauen die Teilnahme an weiteren Disziplinen (etwa dem Turnen) zu gestatten. Zur selben Zeit verlangte der Begründer der Olympischen Spiele in seiner „Charte de la réforme sportive" erneut etwas, das die Dressurreiterinnen in besonderem Maße betrifft: Die Frauen sollten von allen Wettbewerben ausgeschlossen werden, an denen Männer teilnehmen.

Das erscheint heute fast unglaublich, ist aber nur zu wahr. Und dabei hatten schon bei der Olympiade 680 v. Chr. Frauen ein Vierergespann führen dürfen! Nun, zum Glück hat Baron de Coubertin den Frauen auf Dauer den Weg nach Olympia nicht verbauen können. 1972 in München gewann Lieselott Linsenhoff als erste Frau die Olympische Goldmedaille in der Dressur, nachdem schon bei den Spielen von 1928 und 1936 deutsche Reiter Gold gewonnen hatten.

1972 ist Nicole Uphoff gerade fünf Jahre alt.

Barbie-Puppen und Steckenpferde

Viel Freiheit, Bewegungsfreiheit ohne Einschränkung vom Kleinkindalter an, hat dieses Kind geprägt. Nach dem Umzug in die Knappenstraße 12 liegt vor der Haustür ein Kinderparadies: eine Privatstraße, in der keine Autos fahren, daran anschließend ein Park. Nicole: „Ich habe dadurch, daß wir auf dieser Privatstraße gewohnt haben, eine ganz tolle Jugend gehabt."

Schon die Vierjährige darf nach draußen, muß nicht im Haus bleiben, weil der Straßenverkehr Gefahr bedeutet. Als in der Straße ein Sandkasten gebaut werden soll und die Bauarbeiter dafür ein Loch ausheben, paßt Klein-Nicole auf, daß keines von den jüngeren Kindern in dieses tiefe Loch hineinfällt. Sie ist sich ihrer Verantwortung bewußt und von ihrer Wichtigkeit überzeugt. „Da war ich wahnsinnig stolz auf mich selber."

Spielen ist in der Knappenstraße vorwiegend eine Draußen-Beschäftigung. Genügend Kinder im gleichen Alter wohnen in der Nachbarschaft: Frank und Ralf Wittig schräg gegenüber, Anne Westermeier drei Häuser weiter, dann Doris Becker und Manuela Jansen in einer anderen Häuserreihe. Die Wege sind nicht weit, alles ist schnell zu erreichen. Mädchen und Jungen spielen zusammen. „Wir hatten da viele ganz tolle Bäume zum Klettern."

Sie streiten sich auch herum, und es kommt zu handfesten Auseinandersetzungen: Man kloppt sich, man bufft sich, man schubst sich ins Gebüsch. Dabei kommt Nicole immer ganz gut weg. „Ich hab' meistens selber geschubst."

Dem Kind, das in Freiheit aufwächst, werden auch die Wünsche nach etwas Lebendigem, nach Tieren erfüllt. Mäuse und Meerschweinchen in Käfigen bevölkern das Haus. Besonders Meerschweinchen, die sich gut als Haustiere für Kinder eignen und es gern haben, wenn sie gestreichelt werden, sind Nicoles Gefährten. „Meerschweinchen habe ich immer gehabt."

Eines Tages, im Winter, findet die Mutter einen Kanarienvogel im Garten. Er wird mit Kochlöffeln eingefangen und vorläufig im Meerschweinchenkäfig untergebracht. Doch er bleibt nicht lange allein. Kaum sagt man Nicole, daß diese geselligen Vögel sich zu zweit wohler fühlen, da bekommt er auch schon einen Gefährten.

Mit drei Jahren — viel zu früh — bekommt Nicole einen Hund geschenkt. Sie ist dabei, als der Hund in einem großen Zwinger, in dem nur Pudel herumspringen, ausgesucht wird. Die Wahl fällt auf eine silbergraue Hündin, die nicht wie die anderen vorn am Eingang herumwuselt, sondern ganz allein hinten in einer Ecke steht. „Komm, die nehmen wir", sagt die Mutter.

Wie so oft spielt Mitleid mit dem kleinsten und schwächsten Hund eines Wurfs bei der Auswahl eine Rolle. „Sie sah schrecklich aus, kaum Fell, total heruntergekommen."

Das Pudelbaby bekommt den Namen Heidi. Solch ein Tier muß aufgepäppelt werden, bis es sich zu einer schönen silbergrauen Pudeldame mausert. Die Arbeit damit hat vorwiegend Nicoles Mutter, und sie ist die Bezugsperson der Hündin, die sechzehn Jahre alt wird.

Im Mittelpunkt aller kindlichen Spiele aber stehen Pferde, „weil ich ja immer schon auf Pferde verrückt war."

Die richtige Zügelhaltung läßt sich auch auf einem Schlitten üben.

Sicher prägte das kleine, braune Pferd mit der hellen Mähne, einer grünen Satteldecke und dem roten Sattel, das heute fast vergessen auf dem Speicher steht, die Liebe zu diesen Tieren entscheidend mit. Weihnachten 1968 bekam die knapp Zweijährige es geschenkt. Nein, kein Schaukelpferd, sondern eins, das sich richtig bewegen kann: ein Pferd auf kleinen Rädern mit einer sinnreichen Gestängekonstruktion, die das Pferd vorwärtsrollen läßt, wenn Nicole darauf sitzend wippt. Ob sie da schon den „treibenden Sitz" geübt hat? Jedenfalls ist sie von dem Spielzeug hingerissen!

Diese Faszination hält an, wird verstärkt durch Fahrten mit dem Kutschwagen, der Begegnung mit

9
Barbie-Puppen und Steckenpferde

echten Pferden auf der Weide. Im elterlichen Garten baut Nicole Parcours mit Hindernissen auf, für Heidi, den silbergrauen Pudel. Die Hündin sträubt sich gegen ihre Rolle als Pferd und ist keineswegs begeistert. Kein Wunder also, daß das Verhältnis zwischen dem Mädchen und dem Hund nicht besonders gut ist. „Als ich dann älter und vernünftiger wurde, wurde das Verhältnis zwischen uns beiden ein bißchen besser."

Willfähriger sind da später die Steckenpferde, die sich Nicole mit ihren Freundinnen bastelt. Sie stopft einen Strumpf mit Watte aus: Das ist der Kopf, der eine dichte Mähne aus Wollfäden bekommt. Dann wird dieser Pferdekopf an einem Besenstiel festgebunden. Es bleibt nicht bei einem Pferd. Immer wieder kommt ein neues dazu, bis sie „Riesenställe" haben.

Mit diesen Steckenpferden läßt sich herrlich spielen, da werden Ausritte gemacht und Turniere veranstaltet. Das Mädchen mag sich nicht davon trennen, schleppt sie überall mit hin.

Schon mit vier Jahren begnügt sich Nicole nicht mehr mit dem Pudel als Pferd oder ihrem Stall voller Steckenpferde. Sie will endlich ein lebendiges Pferd erleben, endlich auf einem richtigen Pferd sitzen. Die Eltern fahren mit ihr zu einem Reiterhof in Kamp-Lintfort, und sie machen das, was viele Eltern tun, wenn ihre Kinder solche Wünsche äußern: Sie führen das Pony, auf dem ihre Tochter sitzt, spazieren, obwohl sie, wie die Mutter sagt, „sich ja auch mal anderweitig hätten beschäftigen können".

Der Weg ist immer derselbe, an einem Wassergraben entlang. Die kleine Reiterin hat die ganze Zeit über Angst, daß das Pony in den Wassergraben fällt, obwohl man ihr versichert, daß das Pony so etwas ganz sicher nicht tut, sondern gut aufpaßt. An einem bestimmten Punkt will dann das Pony nicht mehr weiter und bleibt stehen. Und es setzt sich durch: Nach einigen vergeblichen Bemühungen kehrt Familie Uphoff regelmäßig um und geht wieder zurück. Die Sonntagsbeschäftigung findet von allein ihr Ende: Der Reiterhof wird abgerissen, und in der Nähe von Duisburg-Homberg gab es damals keinen anderen.

Wenn das Wetter nicht zum Draußenspielen einlud, waren ruhigere Spiele im Haus angezeigt. Aber auch die standen bei Nicole ganz im Zeichen des Pferdes.

„Wir brauchten keine Tapete", erinnert sich die Mutter. Denn das kleine Mädchen sammelt Postkarten und Plakate mit Pferdemotiven, pflastert damit die Wände ihres Zimmers voll.

Mit zwei Jahren sitzt Nicole schon fest im Sattel des ersten Pferdes.

Darin unterscheidet sich Nicole nicht von vielen anderen pferdebegeisterten Mädchen früher und heute. Ein „totaler Fan" schreibt ihr 1991: „Ich habe eine ganze Zimmerwand mit Nicole-Uphoff-Sachen beklebt. Genau gesagt sind es 24 Bilder, 2 Reportagen und 29 Zeitungsausschnitte. Einmal mußte ich schon umplacieren, auf die größte Wand, weil die über dem Bett nicht mehr ausreichte."

Aber noch spielt Nicole mit ihren Barbie-Puppen. Auch dabei dreht sich alles um Pferde: Barbie auf Plastikpferden mit beweglichen Beinen, die in einem Pla-

„Einen Stall voll Pferde" besaß Nicole schon mit vier Jahren.

stikstall stehen; Barbie in der Kutsche… Mit von der Partie ist eine Freundin, die entweder zu ihr kommt oder zu der sie geht. Wenn gelesen wird, sind es Bücher wie „Bille und Zottel", Pferdebücher, wie sie Tausende von Mädchen verschlingen.

„Da war ich teilweise ganz schön muksig"

Fotos aus dieser Zeit zeigen ein hübsches, selbstbewußtes Kind mit einem kecken Ausdruck in den dunklen Augen, das dunkle, glatte Haar mal kurz geschnitten, mal lang gewachsen. Ein ziemlich lebhaftes Kind, das seine Mutter manchmal Nerven kostet. Schon mit zwei Jahren schreit Nicole lauthals, statt mittags zu schlafen, und räumt ihr Bett bis auf die blanke Matratze aus.

Ein Kind ohne Geschwister, das zu Hause ganz im Mittelpunkt steht — vorwitzig, egoistisch, mit großem Mundwerk, ein Kind, das plappert und redet und stets die erste Geige spielen und bestimmen will. „Ich hatte es immer ganz gern, daß sie taten, was ich sagte und was ich wollte." Doch schon von der Fünfjährigen, die zum Eschenbruch in Mülheim kommt, wird gesagt werden, sie sei eher schüchtern und zurückhaltend.

Nicht jede und jeder will sich Nicole unterordnen. Das ist bei den Kindern nicht anders als bei den Eltern. Da bleibt es nicht aus, daß es Streit und Zank gibt. Wenn die Mutter mit der Vierjährigen einkaufen geht und Nicole nicht bekommt, was sie will, dann bleibt sie stehen, stampft mit den Füßen auf den Boden, ist muksig.

Es nützt nicht viel. Die Mutter bleibt eisern. „Paß auf", sagt sie, „entweder du benimmst dich, oder du bleibst das nächstemal zu Hause."

11
„... teilweise ganz schön muksig"

Auf Widerstand zu stoßen löst bei dem kleinen Mädchen einen Tränenstrom aus. Dazu die Mutter: „Nicole ließ sich nie richtig erziehen, jedenfalls nicht mit Druck. Dann stieß man auf Gegenwehr. Sie wurde dann bockig und stur und ließ eigentlich schlecht mit sich reden."

Später – in der Pubertät – wird sie durch erzieherische Drohungen noch weniger erpreßbar sein. Als die Mutter ihr eines Tages droht: „...sonst kommst du ins Internat", antwortet Nicole: „Gut, dann gehe ich eben." Eine Auseinandersetzung, die von beiden Seiten nicht ernst gemeint ist.

Einordnung, Unterordnung, Beschränkung erlebt Nicole zum erstenmal, als sie in den der Knappenstraße benachbarten evangelischen Kindergarten kommt, für das Einzelkind eine neue und prägende Erfahrung. Trotzdem geht sie sehr gern dorthin, weint sogar, wenn Ferien oder Wochenende sie daran hindern. Ihr Herz schlägt für die Erzieherin, die Schwarzhaarige, die ein bißchen hinkt. „Sie war wahnsinnig nett. Das war für mich die Frau überhaupt."

Als die lebhafte und aufgeweckte Nicole etwas anstellt, soll sie bestraft werden. Das Kind kann es nicht fassen, daß ausgerechnet seine Lieblingserzieherin es in die Ecke stellen will. Es glaubte sich geliebt und muß feststellen, daß Liebe von Wohlverhalten abhängig ist. Es fleht die Erzieherin an, liegt fast auf den Knien vor ihr. Doch die Erzieherin bleibt hart. „Für mich brach eine Welt zusammen. Ich war so beleidigt, da hat sie mich sofort wieder herausgeholt."

Ein andermal läuft Nicole sogar einfach nach Hause, als sie glaubt, ihr sei Unrecht geschehen.

Im Sommer 1973 wird Nicole eingeschult. Die Bürgermeister-Wendel-Schule liegt nur ein paar Schritte entfernt. Ihre Lehrerin ist Frau Klein. „Ich heiße zwar Klein, aber ich bin nicht klein", stellt sie sich vor. Das beeindruckt die Erstkläßlerin so, daß es ihr bis heute im Gedächtnis blieb.

Frau Klein versteht es, den Kindern Freude am Lernen zu vermitteln. „Es hat mir bei ihr unheimlich viel Spaß gemacht", sagt Nicole noch heute. Kein Wunder, daß die Schulleistungen in der Grundschule recht gut sind. Mit ihren Mitschülerinnen und Mitschülern hat Nicole keine Schwierigkeiten. Im Gegenteil, wieder einmal paßt sie auf die anderen auf: Sie ist Klassensprecherin.

Ein Weihnachtsbasar, zu dem eifrig gebastelt wird, eine Wanderung in die Leucht im Oktober 76 und Spiele wie Fußball sind die herausragenden Ereignisse dieses Grundschullebens, wie bei vielen anderen Kindern auch. Der einzige Unterschied betrifft die Elterngeneration: Aus dem Bastelkreis heraus entwickelt sich für einige Mütter – darunter Ursula Uphoff – und Frau Klein eine Freundschaft fürs Leben.

Aus ihrer Erinnerung urteilt die Lehrerin heute über Nicole: „Eine angenehme, unauffällige Schülerin. Sie war gewissenhaft, machte ihre Schularbeiten." Im Gedächtnis geblieben ist ihr außerdem, daß Nicole sich nicht in den Vordergrund spielte und bei den Jungen beliebt war, „weil sie so hübsch aussah."

Starker Wille und Durchsetzungsvermögen sind Eigenschaften, die ihr in jeder Lage weitergeholfen haben. Sie gibt lieber selbst Befehle, als welche zu empfangen. „Ich wollte immer obenauf sein."

Das hat sich bis heute wenig geändert, nur die Methoden, das Ziel zu erreichen, sind anders geworden. „Im Endeffekt bekomme ich meistens, was ich möchte. Aber ich bringe das heute eben ganz anders an, frage und taste mich vorsichtig heran. Früher habe ich gesagt: Hm – so möchte ich das. Und so wird das jetzt gemacht. Da war ich teilweise ganz schön muksig, also nicht lieb." Wenn wirklich etwas nicht klappt, reagiert sie heute noch wie früher: Sie ist zwar im Augenblick muksig, aber lange hält das nicht an. Nicole war und ist weder nachtragend noch böse.

Ein Jahr auf Schulpferden

Der Anlaß für den ersten Urlaub auf Sylt 1976 war eigentlich ein eher beängstigendes Ereignis: Jürgen Uphoff, als Binnenschiffahrtsspediteur sehr eingespannt und häufig unter Termindruck, hatte einen Herzinfarkt gehabt. Die Seeluft sollte alles richtig auskurieren.

Strandleben und Spaziergänge – für Nicole ist dieser Urlaub die Gelegenheit, auf die sie schon lange gewartet hat. Sie macht den nächsten Reitstall ausfindig. Dann bekniet sie die Eltern, einen Ausritt mitmachen zu dürfen.

Wenn man nicht reiten kann, ist Ausreiten nicht ungefährlich. Trotzdem können die Eltern ihrem Schmeicheln und Bitten nicht lange widerstehen. Sie gehen mit Nicole zu diesem Reitstall und suchen ein

Frische Luft und Sonne sind Nicole zuwenig – sie hat auf Sylt einen Reitstall entdeckt.

Vater Uphoff und seine „Ullige", seine Kleine.

Pferd aus: einen Rappen, relativ klein und doch ganz schön massig. Sein Name ist Nicole nicht im Gedächtnis geblieben. Dafür etwas anderes: „Beim erstenmal habe ich ihn nie in den Galopp gebracht."

Bedenken wegen dieses Ausritts hat der Reitstallbesitzer nicht. Er fragt nur: „Bist du schon mal geritten?"

„Nö, nö, ich kann nicht reiten", antwortet Nicole.

Da wird sie einfach aufs Pferd gesetzt und losgeschickt. „Ich war halt hinten am Schluß der Abteilung." Der Rappe folgt den anderen Pferden, trabt allerdings nur. Auch als die anderen galoppieren, trabt Nicole noch immer. Von Leichttraben hat sie natürlich noch nie etwas gehört. Sie wird ganz schön durchgeschüttelt. Überhaupt ist vieles, das mit Reiten zusammenhängt, der Neunjährigen noch ein Rätsel, wird von ihr falsch eingeschätzt. Zum Beispiel wird unterwegs eine Pause gemacht, an einem Platz, wo andere Reiter rasten. Nicole ist beeindruckt von einer Reiterin mit Reithandschuhen, Reitstiefeln und Reitkappe. Sie hält dieses Outfit allerdings für ein Zeichen von Snobismus und weiß nicht, daß die Reitkappe dem Schutz des Reiters dient. Doch schon beim zweitenmal lernt sie dazu:

„Da habe ich das mit dem Leichttraben schon ganz gut hinbekommen."

Davor hatten die Eltern mehrmals versucht, die Tochter an einen Sport heranzubringen: Schwimmen, Eislaufen, Tennis, fünf Jahre lang Ballettunterricht, den sie von heute auf morgen wegen des Reitens aufgab: „Ich habe keine Lust mehr."

Auf Sylt wurden Nicole die täglichen Ausritte durch Watt und Dünen nicht zuviel. Schon nach dem zweiten oder dritten Ausritt fiel eine Entscheidung, die – was damals niemand ahnen konnte – einmal ihr Leben prägen sollte.

Als Nicole auf dem Rappen zurückkommt, wird sie von ihrem Vater empfangen: „Weißt du, was? Ich habe gleich eine Überraschung für dich. Bring mal das Pferd weg!"

„... bei den Jungen beliebt, weil sie so hübsch aussah."

13
„… teilweise ganz schön muksig"

Was erwartet ein Kind, das immer nach Pferden verrückt war, in dieser Situation? Was viele kleine Mädchen sich wünschen, wovon sie träumen – ein eigenes Pferd! Für das verwöhnte Einzelkind liegt dieser Gedanke vielleicht noch näher. „Oh, hab' ich gedacht, jetzt kriegst du ein Pferd."

Da holt der Vater Nicole auf den Boden zurück. „Hör mal, wenn wir zu Hause sind, darfst du in einen Reitverein."

Das Mädchen schluckt, ist enttäuscht. Doch das ist immer noch besser, als gar nicht reiten. Also meldet der Vater Nicole zu Hause im Homberger Reitverein an. Sie bekommt ihren ersten Unterricht wie viele andere auch, reitet ein Jahr lang auf Schulpferden, bringt zahlreiche Stürze hinter sich.

Und sie lernt Charly kennen, ein Schulpferd, das eigentlich niemand reiten kann, mit dem sie jedoch im Training keine Probleme hat. Als ein vereinseigenes Turnier angesagt wird, steht bei ihr fest: „Den nehme ich für die Reiterprüfung."

Bei einer Reiterprüfung wird nicht viel verlangt, nur der Sitz des Reiters wird beurteilt. Charly macht ihr trotzdem einen gehörigen Strich durch die Rechnung, benimmt sich völlig anders als beim Training. Zum erstenmal draußen im Freien, ist er nicht zu bändigen. „Da hat er mich dreimal heruntergeschossen. Beim drittenmal haben sie mich hinausgetragen."

Der Homberger Reitverein war so weit von der Knappenstraße entfernt, daß man meist das Auto benutzen mußte. Das bedeutete für die Eltern, daß sie die Tochter fahren mußten. Eine Aufgabe, die in erster Linie Nicoles Mutter übernahm, weil der Vater beruflich viel beschäftigt war. Das bedeutete, die Reitstunde über dableiben, den Ritt abwarten, in der Halle stehen, im Winter mit eiskalten Füßen, um die Tochter anschließend wieder nach Hause zu bringen – Dienst an der Tochter. Da Ursula Uphoff die Zeit lang wurde, begann sie selbst – von der Pferdebegeisterung Nicoles angesteckt – zu reiten.

„Ich habe mit dem Reiten angefangen, als Nicole Schulpferde ritt und ich auf der Bank herumsaß und wartete, bis sie fertig war. Da habe ich gedacht: Na, was machst du mit der verlorenen Zeit? Dann habe ich mir ein Schulpferd gemietet und Unterricht genommen. Und dann kam ja auch das eigene Pferd, und dann sind wir sehr viel ausgeritten. Das reine dressurmäßige Reiten ist mir sehr, sehr schwergefallen", gesteht die Mutter mit einem Lächeln.

Die Reiterkarriere Ursula Uphoffs findet bald ihr Ende. „Zu mir hat der Reitlehrer dann mal gesagt, ich sollte doch lieber Fahrrad fahren als reiten. Das hat mich damals tief gekränkt."

Heute lacht sie darüber. „Er hatte ja sogar recht zu dem Zeitpunkt."

Mit Waldfee wird es ernst

Nach einem Jahr Reitunterricht auf Schulpferden — Nicole ist jetzt zehn Jahre alt — bekommt sie 1977 vom Vater ihr erstes Pferd geschenkt: die braune Stute Waldfee.

„Die war etwas lang im Rücken — wie Stuten schon manchmal sind —, ganz dunkelbraun, hatte hinten rechts überm Huf ein kleines bißchen Weiß, sonst gar nichts. Und sie hatte eigentlich einen recht bescheidenen Schritt. Manchmal, wenn sie aufgeregt war, ging sie vorne kurz-lang. Der Trab war eigentlich sehr gut, und der Galopp, das war manchmal so ein Fiddeltanz, so ein Tralopp. Sie war so temperamentvoll, daß ich ihr nur den Weg zeigen und versuchen mußte, oben sitzenzubleiben. Den Rest machte sie."

Ähnlich wie Charly war Waldfee kein einfaches Pferd. Der Vorbesitzer, ein halsbrecherischer Reiter, der beim Reiten tödlich verunglückte, mußte die Stute ohne viel Einfühlungsvermögen geritten haben. „Die haben wir manchmal aus der Box geholt, auf zwei Beinen, mit Sattelzwang und was weiß ich."

Mit Waldfee geht Nicole nicht zum Homberger Reitverein, sondern nach Kaarst zu Willi Korioth, einem alten Kavalleristen und ehemaligen tollkühnen Jagdflieger. Korioth hatte einen Bauernhof gepachtet und eigene Pferde, Simba, Kathi und Fjodor. Da gab es keine Halle, nur ein Viereck, und da wurde die junge Reiterin — wie man so sagt — hart rangenommen. Sie mußte mit ihrem Pferd arbeiten, mußte Waldfee an die

Er brachte Nicole das Reiten bei: Rittmeister Willi Korioth.

Nicole und ihre Waldfee 1978 auf einem Heimturnier in Kaarst.

Longe nehmen, damit sie locker und geschmeidig wurde, bekam Unterricht, machte Ausritte und nahm im Mai 1978 an einem hauseigenen Turnier teil.

In dem WDR-Film „Zu Gast bei Nicole Uphoff und Rembrandt" 1990 erinnert sich Korioth: „Nicole brachte an und für sich alles mit, was man zum Reiten braucht: viel Einsatz, viel Freude, viel Liebe zum Tier und auch sehr viel Mut. Denn es war für sie doch nicht einfach — als kleines, zehnjähriges Mädchen —, hier fast profihaft angefaßt zu werden; sie mußte einiges bringen."

Korioth schont sie nicht, ist streng, wenn er ihr Reitunterricht erteilt, schreit sie an, wenn sie nicht das macht, was er sagt. Eben „fast profihaft". Besonders die Ausritte sind ihm wichtig, egal, wie das Wetter ist. „Bei Eis und Schnee ausgeritten, Hände steifgefroren, geheult, weil er wieder herumgeschrien hat."

Es hat ihr nicht geschadet, urteilt der Reitlehrer in demselben Interview. „Sie hat mit leichten Tränen alles gut überstanden."

Trotz der Tränen wird Nicole diesen Reitlehrer als „herzensguten Mann" in Erinnerung behalten und Waldfee, als sie nach vielen Irrwegen zu Nicole zurückkehrt, bis zu seinem Tod im März 1992 bei ihm unterbringen.

Nach einem halben Jahr darf Nicole bei einem Ausritt ein Pferd von Willi Korioth reiten: Fjodor.

Der Reitlehrer gibt ihr Anweisungen: „Paß auf, Nicole, Zügel immer schön festhalten, nicht aus der Hand rutschen lassen."

Nicole gehorcht Willi Korioth aufs Wort, ein bißchen zu wörtlich. Unterwegs hält sie die Zügel auch dann noch fest, als Fjodor einmal den Kopf herunternimmt. Im hohen Bogen fliegt sie aufs Stoppelfeld, bleibt bewußtlos liegen.

Während man sich um Nicole kümmerte, mußte Fjodor zurückgeritten werden, eine Aufgabe, die die Mutter, obwohl Reitanfängerin, übernahm. „Ich mußte noch auf einer Landstraße reiten und war natürlich sehr, sehr ängstlich", gesteht Ursula Uphoff. „Aber was sollte ich machen? Das Pferd mußte ja wieder in den Stall, und ich habe es auch geschafft. Das war für damals eine Leistung, aber man muß sich selber immer ein bißchen herausfordern. Man weiß dann, daß man viel mehr leisten kann, als man sich oft zutraut."

Ist das die Devise, die die Mutter der Tochter mitgegeben hat? Oder sogar beide Eltern? „So wörtlich nicht. Aber die ganze Familie ist eigentlich ehrgeizig, ich früher in meinem Beruf. Ehrgeizig waren wir alle. Aber es war kein falscher Ehrgeiz. Wenn Nicole nicht begabt gewesen wäre oder keine Lust zum Reiten gehabt hätte — ich glaube, man kann ein Kind nicht dazu zwingen. Der Wunsch zum Reiten kam ja von ihr selbst."

Nicole liegt im Krankenhaus, mit Gehirnerschütterung und einem gebrochenen Arm (demselben übrigens, den sie sich vor der Weltmeisterschaft 1990 noch einmal brechen wird). Der Knochen muß gerichtet werden, das tut weh, und sie heult so, daß Jürgen Uphoff es kaum mit ansehen kann. Die Gefährlichkeit des Reitsports wird ihm bewußt, und er kann eigentlich nur eine Konsequenz daraus ziehen, um sein einziges Kind vor weiteren Schäden zu bewahren.

„Hör mal, Nicole, weißt du was?" sagt er. „Jetzt bist du heruntergefallen, der Arm ist gebrochen — also Waldfee wird wieder verkauft."

Zu den Schmerzen in dem gebrochenen Arm kommt ein anderer Schmerz. Die Vorstellung, ihre Waldfee zu verlieren, ist für Nicole unerträglich: „Da habe ich nur noch Rotz und Wasser geheult."

Trotz seiner Besorgnis läßt sich der Vater einmal mehr erweichen. Nicole darf Waldfee behalten. Kaum ist die Gehirnerschütterung auskuriert und der Arm in Gips gelegt, fährt Nicole mit ihren Eltern wieder regelmäßig hinaus nach Kaarst. Reiten kann sie zwar noch nicht wieder, dafür fegt sie voller Hingabe mit einem Arm den Stall.

Mit Gipsarm steht sie 1977 für das erste Klassenfoto der fünften Klasse des Franz-Haniel-Gymnasiums in Duisburg-Homberg stramm.

Dressur — unterste Schublade!

Nach einem Jahr in Kaarst bei Willy Korioth ging Nicole mit ihrer Waldfee 1978 zurück in den Homberger Reitverein. Ihr Reitlehrer dort war Antonius (Ton) Holland. Dabei erwies sich die junge Reiterin nach eigener Einschätzung keineswegs als besondere Begabung im Reiten. „Ganz normal, eher schlecht. Wenn ich heute noch Bilder sehe, wie ich auf Waldfee gegangen habe — grausam!"

Obwohl sie — nach den Worten der Mutter — aus einer ehrgeizigen Familie stammt, legte Nicole zu-

Nicole (hintere Reihe, 3. von links) mit Gipsarm.

Eines der ersten Turniere mit Waldfee.

nächst beim Reiten keinen besonderen Ehrgeiz an den Tag. Für die Reiterprüfungen trainierte sie nicht, gewann einmal eine, war meist aber unter ferner liefen.

Trotzdem ging sie gern in den Homberger Reitverein, hatte überall ihre Freunde, fühlte sich wohl.

„Erst bei der A-Dressur wurde es langsam besser." Schon im darauffolgenden Sommer gewann Nicole mit ihrer Waldfee ein paar Turniere und wurde einmal placiert.

Mit den ersten reiterlichen Erfolgen macht das zwölfjährige Mädchen eine Erfahrung, die schmerzlich ist: In den Ställen blüht der Konkurrenzneid. Nicht so sehr von seiten der Mädchen und Jungen, die mit ihr auf die Turniere gehen, ihrer eigentlichen Konkurrenz, sondern vor allem von seiten der Mütter, die hinter diesen stehen und ihren eigenen Ehrgeiz über die Kinder befriedigen müssen — Eislaufmütter! „Wirklich, das war ganz, ganz schlimm. Die Mütter hingen dann oben immer auf der Tribüne und schauten herunter. Und dann hieß es: ‚Hach, guck doch mal, die…'. Und dann wurden die Kinder eben hinterher aufgehetzt."

„Schleifenjäger" wurden sie genannt, erinnert sich Nicoles Freundin Kerstin Kaiser. Dabei blieb es nicht. Mit neidischen Blicken, boshaften Bemerkungen hinter vorgehaltener Hand muß Nicole erst einmal lernen fertigzuwerden. Das geht bis hin zur Ächtung; die anderen Kinder und Jugendlichen schneiden sie.

„Als dann die zweite Sommersaison kam und ich plötzlich ein bißchen erfolgreich wurde, in der

Turnierimpressionen (1980)

Die ersten Erfolge stellen sich ein, hier in Rumeln-Kaldenhausen, August 1980.

A-Dressur hauptsächlich, da flippten auf einmal alle aus, und keiner redete mehr mit mir, weil sie total eifersüchtig waren."

Da ist Ursula Uphoff anders, die heute glaubhaft versichert, daß sie selbst bei Freizeitbeschäftigungen nie Ehrgeiz entwickeln konnte. Wie die anderen Mütter begleitet sie ihre Tochter, ist immer dabei, versteht sich mit den anderen Frauen. „Aber sie hat bei mir nie gehetzt: ‚Ach guck mal, wie grausam. Die mußt du schlagen! Unbedingt!' Das gab es bei uns nicht", sagt Nicole.

Dann aber kommt selbst bei der pferdebegeisterten Nicole eine Zeit, wo sie partout keine Lust zum Reiten hat. „Ach, reiten", mault sie, wenn es darum geht, in den Reitverein zu fahren.

Der Vater vor allem ist es, der ihr da sagt: „Du, paß auf, ein Pferd ist kein Gegenstand, den man einfach in die Ecke stellen kann. Ein Pferd muß hinaus, muß bewegt werden. Du kannst dir jetzt überlegen, ob du weiter reiten möchtest. Wenn du nicht weiter reiten möchtest, dann muß Waldfee weg."

„Oh, Waldfee weg? Ich bin gerannt zum Stall! Und dann ging es wieder weiter."

Mit dreizehn Jahren macht Nicole auf Waldfee das Bronzene Reiterabzeichen.

Dann wollen Uphoffs Waldfee verkaufen. Nicole reitet immer noch E-Dressur, kommt nicht recht weiter. Waldfee soll gegen eine Stute getauscht werden, die schon weiter ausgebildet ist. Im Homberger Reitverein rät man ihr: „Mach das bloß!"

„Schleifenjäger haben sie uns genannt..": Siegerin Nicole und ihre Freundin Kerstin.

Bei einem Turnier in Kamp-Lintfort gewinnt Nicole mit Waldfee die A-Dressur, wird Dritte in der E-Dressur. Da sagt ihr Vater: „Nein, Waldfee geht nicht mehr weg."

Beim Silbernen Reiterabzeichen zeichnet sich die junge Reiterin keineswegs durch Glanzleistungen aus. Zu dem Zeitpunkt mußte man in den drei Disziplinen Theorie, Dressur und Springen noch jeweils mindestens 5,0 Punkte erreichen. Ausgerechnet in der Dressur reitet Nicole besonders schlecht, „unterste Schublade", wie sie selbst meint. Ihr Name wird von den Preisrichtern zunächst mit einem Fragezeichen versehen. „Das weiß ich noch, das war knapp."

In der Theorie ist Nicole keineswegs berauschend, bekommt eine 6,5. Doch dann kommt das Springen. „Meine Waldfee, die sprang wie der Teufel. Grüßen konnte man auch nicht, man mußte alles im Galopp machen. Sie gab dann nur noch Gas, und man mußte sehen, daß man mitkam."

Immerhin muß die spätere Weltmeisterin und Oympiasiegerin im Dressurreiten in gutem Stil „oben geblieben" sein, denn die Richter gaben ihr für diesen Ritt auf Waldfee die Wertnote 7,8. Und waren wohl insgesamt daraufhin etwas gnädiger gestimmt. „Da haben sie mir in Dressur noch eine 5,1 gegeben." Und damit bekommt Nicole das Silberne Reiterabzeichen.

Das sieht doch schon recht professionell aus (1980).

Waldfee

Vulkan, Kerstins Pferd

Die beste Freundin

In der Zeit, als Nicole der Konkurrenzneid im Homberger Reitstall zu schaffen macht, bewährt sich die Freundschaft mit Kerstin Kaiser.

Dabei sieht es anfangs gar nicht so aus, als könnte so etwas wie Freundschaft entstehen. Nicole und Kerstin haben sich fast gleichzeitig im Homberger Reitverein angemeldet. In der Sattelkammer ist nur noch ein Bock frei, der beiden Mädchen zugewiesen wird. Jede glaubt, es sei der ihre.

Mehr als einmal kommt es zu Streitereien. Liegt Nicoles Sattel auf dem Bock, schreit Kerstin, die immer von ihrem Vater begleitet wird: „Papi, die hat schon wieder meinen Bock!"

Wupp, wird der Sattel heruntergenommen und landet im Schmutz. Kommt Nicole dazu, wirft sie Kerstins Sattel auf den Boden. „So ging das hin und her. Ich habe ihren hinuntergefeuert, sie meinen."

Wodurch die Feindschaft beendet wurde, läßt sich heute nicht mehr genau feststellen, wissen auch Nicole und Kerstin nicht mehr. Nur so viel steht fest: Ein Hufkratzer, den die eine der anderen geliehen hat, begründet eine von der Liebe zum Pferd und von der Begeisterung fürs Reiten geprägte Freundschaft. Nicht zuletzt die Tatsache, daß beide etwas schwierige Pferde

„Mal war sie besser, mal war ich besser, und so ging das dann immer hin und her."

Fußkranke auf der Wanderfahrt zum Edersee – Nicole und Freundin Birgit in der zweiten Reihe (1981).

haben – Nicole ihre Waldfee und Kerstin ihren Vulkan –, trägt dazu bei.

Die beiden Mädchen haben Reitunterricht bei Ton Holland, reiten zusammen aus, nehmen an hauseigenen Turnieren teil und fahren zusammen zu Turnieren. „Da war auch kein Konkurrenzkampf. Mal war sie besser, mal war ich besser, und so ging es dann immer hin und her."

Die Einigkeit der Freundinnen kann so schnell nichts erschüttern, und sie halten auch in jeder schwierigen Lage zusammen. Als sie eines Sonntags von einem Ausritt, an dem ursprünglich zwei andere Mädchen teilnehmen wollten, zurückkommen, werden sie wieder einmal geschnitten. Sauer darüber, daß die Verabredung nicht geklappt hat, haben die beiden Zuhausegebliebenen die übrigen Jugendlichen aufgehetzt. Niemand redet mit ihnen. „Aber da wir halt zu zweit waren und uns auch wirklich prima verstanden

Klassenfahrt nach Kassel. Vor dem Schloß Wilhelmshöhe ganz links Nicole, im gestreiften T-Shirt Birgit (1981).

haben, haben wir gesagt: Dann reden wir mit euch auch nicht, fertig." Gegen diese gemeinsame Front halten die anderen nicht lange stand und vertragen sich schnell wieder mit den beiden.

Reiten und Schule vertragen sich zu dem Zeitpunkt noch gut. Der Tagesablauf sieht eigentlich immer gleich aus. „Schule, Schularbeiten, Reiten." Birgit Dratsdrummer, bis dahin eine Klassenkameradin wie andere, wird in der siebten, achten Klasse ihre beste Schulfreundin, obwohl die Interessen auseinandergehen und Birgit von sich selbst sagt: „Mit Reiten habe ich überhaupt nichts am Hut."

Dafür machen die beiden Mädchen zusammen Schularbeiten, lernen oft zusammen, vor allem Mathematik, verschwören sich gegen die Eltern. Wenn Klassenarbeiten zurückkommen, die nicht so gut sind, dann sagt Nicole schon einmal: „Warten wir lieber, bis eine bessere kommt. Die haben wir heute noch nicht zurückbekommen."

Ein normales Schulleben mit Wanderfahrten an den Edersee, ins Landschulheim Marienhagen, nach Antweiler an der Ahr, mit allem, was dazu gehört: Nicole und Birgit im Zweierzimmer, Nicole im oberen Bett, der obligatorische Zahnpastastreich für den Lehrer.

„Nicole hat mir natürlich viel von ihren Pferden erzählt oder auch von ihrer Reiterei", berichtet Birgit Dratsdrummer heute. Im Gegenzug erzählt sie der Freundin vom Tischtennis oder vom Kindergottesdienst, den sie mitgestaltet. Als Birgits Eltern sich scheiden lassen, steht Nicole der gerade zwölfjährigen Freundin bei und begegnet der Scheidungswaise weiterhin vorurteilsfrei, was nicht alle Klassenkameradinnen tun. „Das fand ich ganz toll, daß Nicole immer zu mir gestanden hat. Es geht ja schon los, wenn es um den Erziehungsberechtigten geht: Das sind grundsätzlich die Väter, und plötzlich taucht da eine Mutter auf. Da werden manche sowieso schon stutzig."

Daß Birgit keine Ahnung vom Reiten hat und von Pferden nichts versteht – was macht das schon? Fürs Reiten und im Reitstall hat Nicole ihre Freundin Kerstin Kaiser. Kerstin schwärmt noch heute: „Wir haben auch viele Ausritte gemacht. Wir sind in Homberg losgeritten, durch den Baerler Busch. Dann haben wir bei Uphoffs gefrühstückt. Die Pferde standen im Vorgarten." Und im Reitstall treiben sie sich meist bis abends herum. In der recht gemütlichen Klause wird bei Chips und Käsestangen Mau-Mau oder Knack gespielt.

Zuwachs im Stall: Askan und Rembrandt

Inzwischen steht Waldfee in Homberg nicht mehr allein auf der Wiese. Dazu Frau Uphoff: „Wenn ein neues Pferd angeschafft wurde, wurde Nicole natürlich gefragt: ‚Hast du Lust, weiterhin zu reiten? Macht es dir Spaß? Wenn noch ein Pferd gekauft wird, das kostet noch mehr Zeit, du mußt noch mehr Freizeit opfern. Du tust das nicht unseretwegen, sondern wir möchten dir auch ein Pferd geben, mit dem du vielleicht ein bißchen weiterkommst, mit dem du nicht nur A und L reiten kannst!'"

Der braune Holländer Askan hat das Zeug für größere Aufgaben.

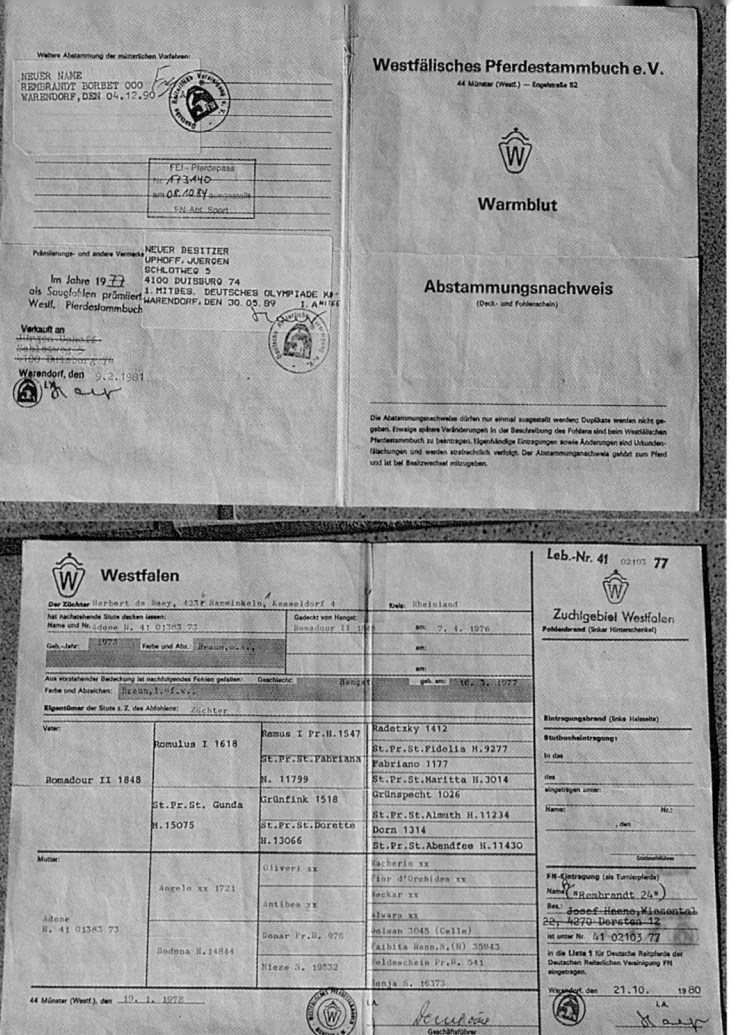

Wenn je ein Pferd „auf dem Papier" schon Dressurveranlagung hatte, dann Rembrandt.

Offenbar bejahte Nicole jedesmal, daß sie Lust habe, beim Kauf Askans ebenso wie beim Kauf Rembrandts.

1980 war Askan in den Stall des Homberger Reitvereins gekommen, das Pferd des Richters Dr. Schönmakers aus Rumeln-Kaldenhausen. Nicole kannte das Pferd schon von einigen Turnieren her. „Dadurch, daß er einem Richter gehörte — das war damals so —, durfte er in der A-Dressur machen, was er wollte. Er konnte buckeln und hat trotzdem immer jede A-Dressur gewonnen." Askan hatte mindestens zwanzig A-Siege. Und Nicole mit ihrer Waldfee konnte noch so gut sein, sie war immer dahinter. Das hat sie „wirklich mächtig geärgert." Allerdings erinnert sich Nicoles Mutter auch: „Sie ritt immer am besten, wenn sie ganz schreckliche Wut hatte, wenn ein Richter sie — nach ihrer Meinung — falsch benotet hatte."

Nicoles Standardspruch damals ist: „Jetzt werde ich es denen beweisen."

Langsam zeigt sich doch so etwas wie Ehrgeiz. Sie hat das, was man Biß nennt. Kein Wunder also, daß die Dreizehnjährige das Pferd, das im Homberger Reitstall von Reitlehrer Ton Holland auf M-Niveau gebracht werden soll, nicht leiden kann, die Konkurrenz „ätzend" findet. Zumal das Pferd, ein dicker Brauner, in Holland gezogen, sich als schwierig erweist. „Wenn Ton Holland Wechsel versuchte, raste Askan mit ihm los wie ein Verrückter."

Dann ist Karneval. Nicoles Vater kommt nach einer Feier mit dem Taxi hinaus zum Stall, ist ein bißchen angeheitert. Da sagt Ton Holland betont harmlos: „Sag mal, Jürgen, weißt du wat? Du mußt deiner Tochter endlich mal ein vernünftiges Pferd kaufen."

Jürgen Uphoff riecht den Braten. „Mensch, sei ruhig. Du meinst wohl den Askan da unten, den verrückten Hund? Den kauf ich nicht."

„Paß auf", sagt Holland da, „du kriegst ihn vierzehn Tage zur Probe, da könnt ihr ihn ausprobieren."

„Na ja", sagt Nicole. „Ich habe ihn vierzehn Tage geritten, und dann haben wir ihn sofort gekauft." Bei all seinen Verrücktheiten war Askan eben doch auch ein gutes Pferd, wenn das Reiten für Nicole anfangs auch nicht die reine Freude war. „Das war katastrophal, er ging ganz eng im Hals und ist unter mir weggelaufen. Aber wir haben uns zusammengefuddelt. Ich habe mit der L-Dressur angefangen und dann so ganz langsam M-Dressur. Und mit vierzehn bin ich meine erste S-Dressur gegangen."

Der Braune Askan ist das Pferd, das sie bis zur Leistungsklasse II bringen wird: Er war zwar das Gegenteil von Rembrandt, alles andere als nervig, ein dicker Holländer eben, manchmal eher etwas faul. Es kostete Arbeit, ihn korrekt durch eine Prüfung zu bringen. Er war brav, konnte aber manchmal auch durchgehen, wenn man ihn ärgerte.

Und am 9.2.1981 kaufte Jürgen Uphoff den dreijährigen braunen Westfalen Rembrandt 24, vom berühmten Dressurpferdevererber Romadour II aus einer Mutter, die den ebenso berühmten Vollblüter Angelo xx zum Vater hat. Von Angelo xx stammt auch Dr. Klimkes legendärer Ahlerich, der demnach ein Onkel Rembrandt Borbets ist, ab und eine Reihe weiterer internationaler Spitzendressurpferde. Wenn je ein Pferd „auf dem Papier" schon Dressurveranlagung hat, dann dieser hübsche Braune. Leider kann man sich darauf nicht verlassen (sonst wäre Züchten ja ganz einfach), aber in diesem Fall ist die Abstammung mehr als ein leeres Versprechen.

Ein Lehrgang mit Folgen

Als Nicole ihren Askan etwa auf M-Niveau reiten konnte, schickte der Reitlehrer Ton Holland sie 1982 auf einen ausgeschriebenen vierzehntägigen Osterlehrgang, der im Eschenbruch, der Reitanlage von Herrn Tummes in Mülheim an der Ruhr, für Junioren veranstaltet wurde. Leiter des Lehrgangs war Klaus Balkenhol, ein Polizeireiter, der sich mit dem Polizeipferd Rabauke in die Dressurspitze geritten hatte.

Außer Klaus Balkenhol, der u. a. die Pferde von Tummes ausbildete, arbeiteten damals zwei Bereiter im Eschenbruch: der Holländer Jan Nivelle und der Belgier Ludo Konings. An dem Lehrgang nahmen zehn Mädchen teil.

Für Nicole ist dieser Osterlehrgang ein ganz besonderes Erlebnis: der schöne Stall mit seiner großzügigen, lichten Halle, dann der Reitlehrer, mit dem sie sich sehr gut versteht. Dazu kommt sie zum erstenmal ein bißchen heraus, sieht und hört auch reiterlich etwas anderes.

Ist Nicole dem Lehrgangsleiter damals aufgefallen? Hat sie sich von den anderen neun Mädchen abgehoben? „Sie war eine sehr elegante Reiterin, sie saß sehr gut und war wirklich begabt. Sie war sehr ruhig, war fleißig, immer sehr aufmerksam — im Grunde genommen hat sie sich bis heute wenig verändert."

Nette Mädchen waren die Lehrgangsteilnehmerinnen damals alle. Gegen Ende setzt der Reitlehrer eine Prüfung an. Drei Mädchen sollen einen Prix St. Georg reiten, eine anspruchsvolle S-Dressur. Nicole ist dabei.

Dazu Ludo Konings: „Aus dem Nichts heraus hat sie die ganze Prüfung durchgeritten."

Die lichte, großzügige Halle im Eschenbruch.

Der Abschied vom Eschenbruch wird, als der Lehrgang zu Ende ist, vor der Halle bei strahlend schönem Wetter gefeiert. Die Mädchen wickeln den PKW des Reitlehrers mit Toilettenpapier ein, schenken ihm einen Reiterregenmantel und verewigen ihre Namen auf einer Karte, die er 1992 noch vorzeigen kann.

Nicole fällt der Abschied nicht leicht. „Ich habe geheult, als ich da weg mußte, geheult wie ein Schloßhund."

Sicher waren es nicht nur die Tränen der Tochter, die Jürgen Uphoff dazu bewegten, mit seinen drei Pferden – Waldfee, Askan und Rembrandt – in den Eschenbruch zu gehen. Vieles spielte eine Rolle: die großzügige Reitanlage, das Renommee Klaus Balkenhols als Ausbilder. Sicher sah der Vater die Chance, die sich seiner Tochter bei diesem Trainer bot.

Nach einigem Zögern erst willigte Balkenhol ein. Jürgen Uphoff trennte sich sehr freundschaftlich von Ton Holland, der ja Nicole zu diesem Lehrgang nach Mülheim geschickt hatte. Eine Woche später war Nicole wieder im Eschenbruch.

Die Familie – wieder war es die Mutter, die Nicole zum Reiten fahren mußte – nahm den viel weiteren Weg in Kauf.

Jedes Jahr eine Stufe höher

Nun ritt Nicole also mit Askan im Eschenbruch, ritt L und M, auch die Rheinischen Meisterschaften der Junioren. Ein Turnier mit Hindernissen, weil der Konkurrenzneid diesmal in einer Weise zuschlug, wie man es kaum zu glauben vermag. Die Mutter einer Konkurrentin inszenierte per Telefonkette eine Verschwörung, die Nicole verunsichern sollte. „Man wollte Nicole nicht mal aufs Viereck durchlassen."

Doch da griff Frau Uphoff ein: „Da wachse ich über mich hinaus!" Sie stellte die Urheberin zur Rede. Das war kein Fall, den man unter Sportskameraden schlichten konnte. Uphoffs wendeten sich an den Verband. Auch der Schlichter konnte nur kopfschüttelnd feststellen: „Ihr ehrgeizigen Eislaufmamis!"

Bei einem Turnier in Mülheim beeindruckte ihr Ritt so, daß einer der Richter zu ihr kam und ihr für die schöne Vorstellung dankte. Vierzehnjährig ritt sie ihre erste S-Dressur auf einem Turnier, das vom Akademischen Reitclub in Oberhausen veranstaltet wurde, war allerdings nicht placiert.

Nicole ist davon hauptsächlich in Erinnerung, daß sie diese S-Dressur statt auf dem eigentlich vorgeschriebenen 20x60-m-Viereck auf einem kleinen von 40 m reiten mußte. „Das war katastrophal."

Ludo Konings betont dagegen: „Sie konnte Aufgaben reiten aus dem Nichts heraus. Da haben wir alle gestanden und gestaunt."

Und Jan Nivelle entsinnt sich: „Sie ist nie ausfällig geworden auf den Pferden."

Askan ist ein Pferd, das „auch immer so ein bißchen Kikeriki-Hals machte", wie Jan das nennt, das

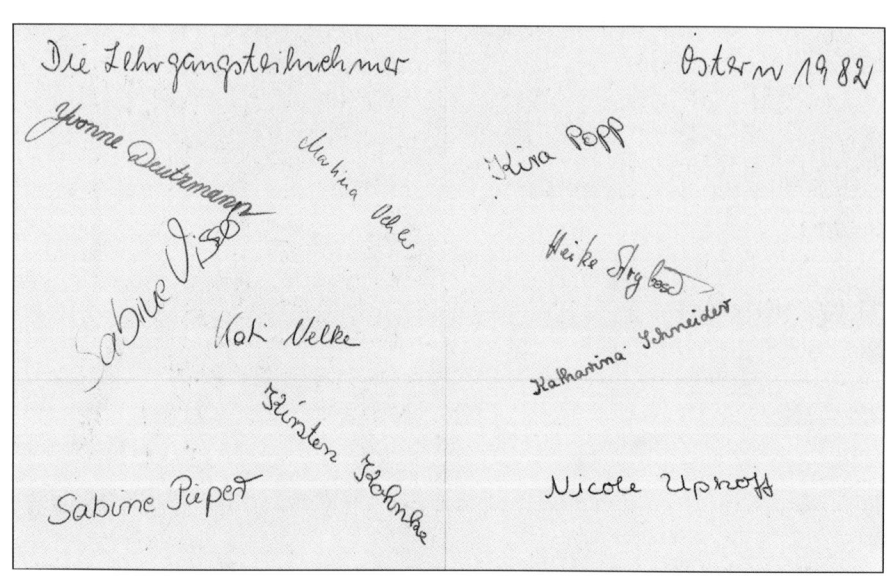

Zehn nette Mädchen bedanken sich bei Lehrgangsleiter Klaus Balkenhol (1982).

Ludo Konings, heute selbständig in Düsseldorf, war damals Bereiter im Eschenbruch, ebenso wie sein Kollege...

...Jan Nivelle, der sich dann mit dem „großen Flegel", dem fünfjährigen Rembrandt, herumschlagen mußte.

heißt, er wölbte den Hals imposant auf, gab aber nicht unbedingt gleichzeitig den Rücken her. Damit sei er für Nicole eine gute Vorbereitung auf ihr nächstes Pferd gewesen: auf Rembrandt Borbet, den Klaus Balkenhol fünfjährig in Beritt nimmt.

„Das Engagement der Eltern war natürlich sehr groß. Sie wollten, daß Nicole auch reiterlich etwas wird. Sie hatte großes Talent, und das galt es zu fördern", berichtet Klaus Balkenhol.

Jürgen und Ursula Uphoff waren froh, die finanziellen Möglichkeiten zu haben, um das richtige Pferd, den richtigen Trainer für die talentierte Tochter zu finden. Besonders der Vater setzte sich mit allen Mitteln ein, um das Beste für sein Kind zu bekommen, eckte wohl auch schon einmal an, wenn er eine Sache zu direkt anging.

„Die Konkurrenz war groß", sagt die Mutter. „Wir wußten zwar, daß wir ein gutes Pferd hatten und daß Nicole Talent hatte. Aber ob sie das alles durchhielt jetzt, den Streß, den Druck... Und sie mußte ja ein bißchen Ellbogen gebrauchen, denn man kannte sie ja nicht, sie hatte keinen Namen."

Nicole versteht sich gut mit dem Reitlehrer, er sich auch mit den Eltern. Da sind gegenseitige Sympathien, nicht zuletzt weil Jürgen Uphoff und Klaus Balkenhol im selben Alter sind. Reiterfreundschaft, in die andere einbezogen werden, wie das Ehepaar Bekes, dessen Pferd Hadrian im Eschenbruch steht und das nicht weit davon in der Markenstraße wohnt.

Dort darf Nicole sich manchmal nach dem Training im Schwimmbad abkühlen. Im Winter, wenn es klirrend kalt draußen ist und sie mit blaugefrorenen Händen vom Pferd steigt, werden sie, Bellie Balkenhol und die drei Tummes-Kinder Marc, Marcel und Ricarda in der Markenstraße mit frischen Hörnchen und heißem Kakao wieder aufgewärmt.

Dort kommt es im darauffolgenden Sommer zu dem Ausspruch Jürgen Uphoffs, der sich dem Ehepaar Bekes ins Gedächtnis geprägt hat. Während Nicole sich – völlig fertig, verschwitzt – im Schwimmbad vergnügt, sagt ihr Vater zu den Freunden: „Eines kann ich euch sagen: Ich kriege meine Ullige in die oberste Spitze."

An einen ähnlichen Ausspruch des Vaters erinnern sich die beiden Bereiter: „Meine Tochter, die reitet mit 21 Grand Prix."

Um so erstaunlicher ist, daß dieser offensichtliche Ehrgeiz des Vaters der „Ulligen" – der Kleinen – anscheinend weitgehend verborgen blieb. Nicole fühlt sich von den Eltern weder unter Druck gesetzt noch zu

28
Ein Lehrgang mit Folgen

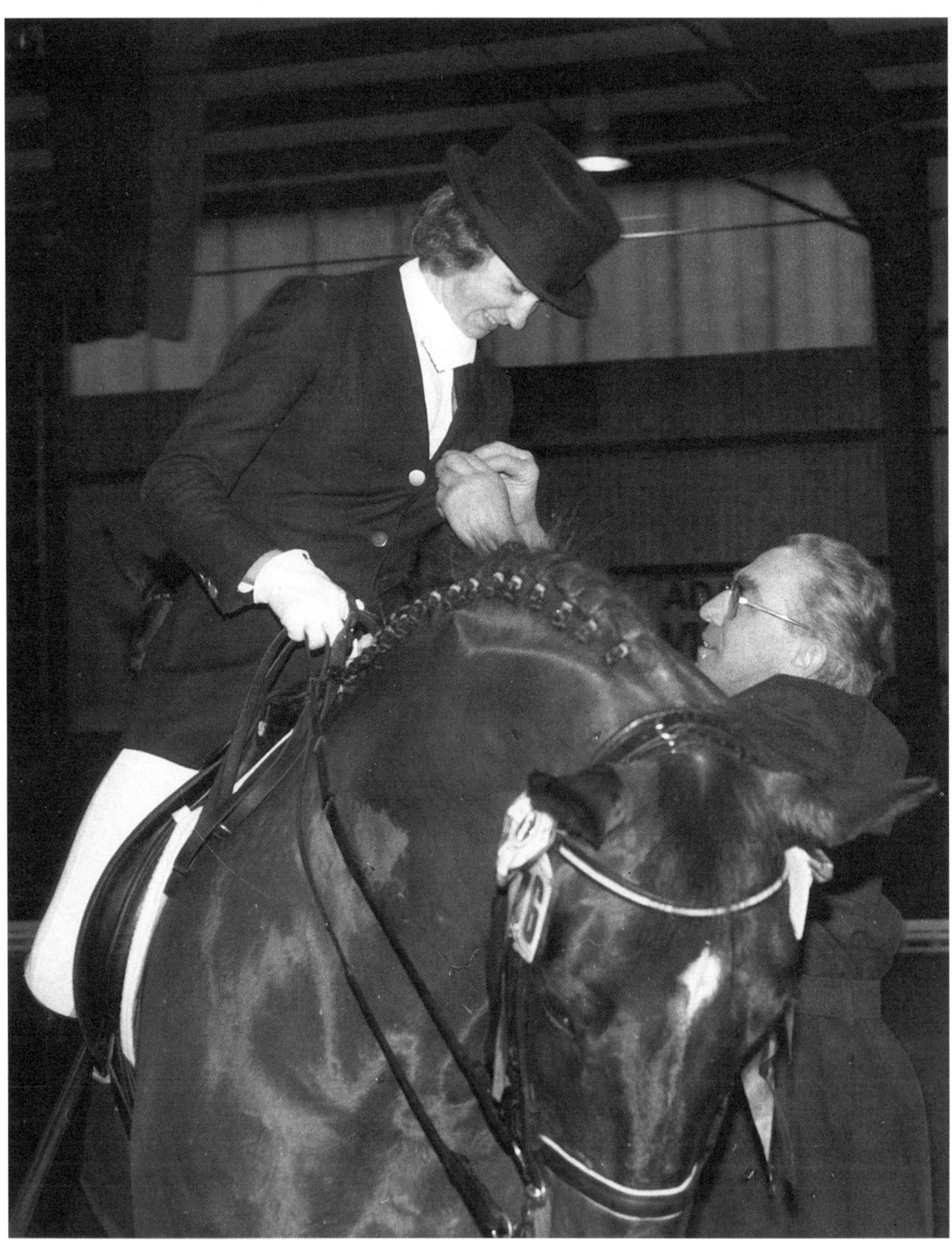

Jedes Jahr eine Stufe höher

Leistungen angespornt, die sie selbst nicht bringen will. Daß die Eltern, vor allem der Vater, Großes von ihr erwarten, kommt ihr offenbar kaum zum Bewußtsein.

Auf die Frage, ob die Eltern wohl damals schon den Eindruck hatten, aus ihr könne einmal eine Olympiareiterin werden, sagt sie: „Da hat nie jemand irgendeinen Gedanken dran verschwendet. Sonst hätte das auch nie geklappt. Wir sind einfach immer ganz locker an die Sache herangegangen, und wenn ich zum Beispiel St. Georg geritten bin, und das klappte ein Jahr, dann habe ich im Winter auf Intermédiaire I trainiert. Und dann bin ich jedes Jahr so eine Stufe höher gekommen."

Während Nicole im Eschenbruch ist, spielt sich ihr Leben zwischen Schule und Stall ab. „Da hieß es wirklich: morgens Schule, mittags nach Hause, Essen heruntergeschlungen, meine Mutter mich nach Mülheim gefahren. Dann habe ich zwei Pferde geritten, den Askan und den Rembrandt, und dann abends wieder zurück, um sieben, acht Uhr Hausaufgaben gemacht, dann schnell etwas gegessen und ins Bett. Das war so mein Tagesablauf."

Zwei Pferde reiten – das bedeutete einschließlich des Abreitens, der Lösungsphase, jeweils etwa eine Stunde Arbeit. Außerdem machte Nicole die Tiere selbst fertig, was noch einmal viel Zeit erforderte: „Von mittags zwei bis abends sechs, sieben Uhr."

Um das zu schaffen, braucht ein Mensch außer der Liebe zum Pferd und zum Reiten Zähigkeit, Selbstdisziplin und eine gewisse Gleichmütigkeit. „Nicole lag immer im Auto und schlief", verrät Frau Bekes.

„Das macht sie auch heute noch", sagt Ursula Uphoff. Das ist auch der Grund, warum sie ihre Tochter häufig zu Terminen fährt: damit sie im Auto schlafen kann.

Die Fähigkeit, immer und überall, auch unter Nervenanspannung, schlafen zu können – ein Gottesgeschenk! Nicoles Freundin Marion Heitzer – mit ihrem Mann Richard züchtete sie Nicoles Pferd Grand Gilbert – stellt fest: „Nicole brauchen Sie im Auto nicht anzusprechen; sie schläft sofort ein."

Wie schätzt Klaus Balkenhol, der ehemalige Trainer, seine Schülerin von damals ein? „Nicole war schon sehr ehrgeizig, aber im positiven Sinne. Nicole wollte, das hat man gemerkt. Es ist so in der Reiterei: Wenn man täglich zusammen ist, dann gibt's natürlich Stimmungsschwankungen. Aber Nicole war eigentlich immer gleich. Man merkt ihr Stimmungen selten an.

Links: 1986, beim „Preis der Besten" in Aachen, erhält Nicole aus der Hand Dr. Reiner Klimkes das Goldene Reitabzeichen.

Rechts: Klaus Balkenhol erinnert sich gern an den Lehrgang, bei dem er Nicole Uphoff kennenlernte.

Sie war dann eben schon mal ein bißchen schlapp. Aber sie war immer eine, die versucht hat, das Beste zu geben. Sie hatte eine gute Auffassungsgabe, hat sehr schnell begriffen und konnte alles sehr schnell umsetzen. Das macht natürlich auch die Persönlichkeit aus."

Als Klaus Balkenhol die Reitanlage Eschenbruch verließ, weil Tummes in seinen Augen nicht der Mäzen war, den er sich erhofft hatte, und zu Nowak, einer Nachbaranlage auf dem Mülheimer Auberg, ging, war die junge Reiterin plötzlich ohne Trainer. Das war an sich schon schmerzlich genug, aber der „unleidliche Abgang", der Balkenhol beschert wird, mag außerdem zu ihrem späteren Wunsch, sich eines Tages mit Pferden selbständig zu machen, unabhängig zu werden, beigetragen haben.

„Ich hatte ja keine eigenen Pferde. Ich mußte von denen leben, die mir ein Pferd zur Verfügung stellten", sagt Balkenhol. Er hatte Glück: Frau Baumann stellte ihm Apponti, Frau von Poser Sylvester und Familie Oppermann ebenfalls ein Pferd zur Verfügung. In der für den Reitlehrer und Freund schwierigen Situation konnten Uphoffs nicht helfen. Nicole ritt ihren Askan selbst, und Rembrandt war einfach noch nicht so weit, daß sie ihn Klaus Balkenhol für anspruchsvolle Prüfungen hätten zur Verfügung stellen können. Und in die neue Anlage wollten sie ihm auch nicht folgen. Sie war nicht sehr groß, und für den Eschenbruch war damals schon Fritz Tempelmann im Gespräch, ebenfalls ein sehr renommierter Dressurausbilder.

Diskofieber

Mit anderen aus dem Stall, darunter auch Kerstin Kaiser, besucht die Dreizehnjährige die Tanzschule. Doch über einen Anfängerkursus kommt sie nicht hinaus. „War zu langweilig, mag ich heute immer noch nicht. Lieber so diskomäßig...."

1981, mit vierzehn, wird sie konfirmiert. Im selben Jahr stellt sich heraus, daß Nicole kurzsichtig ist. Von der achten Klasse an muß sie — wie ihre Freundin Birgit — eine Brille tragen. Sie ist zu selbstbewußt, um sich daran zu stören. Die Brille kränkt ihre Eitelkeit nicht. Für die Reiterei jedoch ist die Brille eher hinderlich, beeinträchtigt die notwendige Konzentration. „Entweder war sie beschlagen, oder sie ist gerutscht, dann kamen Regentropfen drauf — das fand ich grausam."

Mit vierzehn wird Nicole (vorn, zweite von rechts) konfirmiert.

31
Diskofieber

Als sie alt genug ist, um mit ihrer Freundin ausgehen zu wollen, ins Kino oder in die Disko, stößt Nicole zunächst auf Widerstände. Kerstin Kaiser weiß noch: „Nicoles Eltern waren ziemlich streng. Nicole durfte nirgendwo hin, und wenn, dann nicht lange."

Doch zum Glück ist Kerstin zweieinhalb Jahre älter. „Wenn die Eltern wußten, daß ich dabei war, durfte Nicole mit." Zum Beispiel in die Disko in Moers, wo besonders im Karneval immer mit Polonaise und Schlagern Stimmung gemacht wird. Samstags, sonntags und montags feierte Nicole dort mit ihrer Freundin ausgelassen, und Feiern heißt bei ihr zu dieser Zeit vor allem eins: Tanzen. Kerstin Kaiser erinnert sich noch an den Muskelkater am Dienstag darauf. „Wir konnten nicht mehr laufen."

Das Diskofieber packt Nicole mit achtzehn, neunzehn. Da stellt sie mit ihrer Freundin Kerstin Kaiser einen Rekord auf: tanzt drei Stunden und mehr an einem Stück, klatscht wie alle anderen zu „Life is life" in die Hände. „Da standen wir auf der Tanzfläche", berichtet Nicole, „haben getanzt – so gegenüber –, und die einzige Pause, die wir eingelegt haben: eine Cola trinken oder ein Wasser, und dann wieder auf die Tanzfläche."

Auch in das „E dry", eine Riesendisko in Geldern, zieht es die Freundinnen. „Da ist so eine schwarze Disko, eine dunkle Disko, da wird meist so wild getanzt. Und in der weißen Disko, da waren wir dann immer. Dort wurden deutsche Schlager gespielt. Dann kam Marianne Rosenberg mit ‚Er gehört zu mir'. Da haben alle mitgesungen, wir auch", erzählt Kerstin Kaiser.

„Stört das nicht beim Training, wenn man freitags bis sonntags in die Disko geht?"

„Ja, schon, aber da hat man das Reiten noch nicht so ernst genommen", antwortet Nicole.

„Wann fing das an, das Ernstnehmen?"

„Das war 1987, bei Herrn Doktor Schulten-Baumer."

Reiten – das ist doch kein Beruf!

Bis Fritz Tempelmann die Reitanlage Eschenbruch übernahm, trainierte Nicole viel mit ihren Eltern, besonders mit ihrem Vater. Ganz problemlos war das natürlich nicht. Auch wenn sie mit der Erfahrung langer Jahre „von unten" manches sahen, was verbessert werden mußte – von Eltern nimmt man Kritik oft nicht so ohne weiteres an, und von nicht reitenden Eltern erst recht nicht.

„Ich trainiere sie manchmal noch", sagt die Mutter. „Mein Mann hat auch sehr viel Ahnung. Aber es gibt doch manche Probleme, wo wir keine Lösung wissen, wo wir sehr wohl sehen, es ist nicht gut, aber nicht wissen, wie man das abstellt."

Im Endeffekt war das Ergebnis nicht schlecht. Trotzdem waren alle Beteiligten froh, als Fritz Tempelmann zum Eschenbruch kam und von da an Nicoles Ausbildung für zwei Jahre (1984–1986) übernehmen konnte.

„Tempelmann hat schon die Art gehabt, die Reiter so ein bißchen umzuformen, wie er sie gerne haben möchte", charakterisiert ein Kollege diesen Trainer.

Trotz des intensiven Reitens war Nicole eine normale Schülerin. Auf dem Käthe-Kollwitz-Gymnasium konnte sie in der Oberstufe Englisch und Geschichte als Leistungsfächer nehmen („Deutsch wäre für mich tödlich…"), als zusätzliche Abiturfächer Biologie und Pädagogik: „Ich mache das ja auch bei den Pferden gern, daß ich mich in sie hineindenke."

Pädagogik sei sogar ihr Lieblingsfach gewesen, sagt sie. Und diese „pädagogische Ader" kommt ihr ganz ohne Zweifel nicht nur bei den Pferden, sondern auch bei den Reitschülerinnen, die sie heute unterrichtet, zugute.

Auf Schullektüre, die sie beeindruckt hat, angesprochen, nennt sie George Orwells „1984" und „Animal Farm". „Die waren stark."

Die obligatorische Berlinfahrt in der Oberstufe sagt sie mit der Begründung ab: „Wenn ich durch die DDR fahre – oder ich bin in Berlin und lebe zwischen den Mauern –, da kann ich keinen Spaß haben."

Über den Schulsport schweigen wir dezent; er lag nachmittags, und wir kennen ja inzwischen Nicoles Tagesablauf in dieser Zeit.

Nach dem Abitur machte Nicole Uphoff – in alter Familientradition – eine Lehre als Speditionskauffrau im Betrieb ihres Vaters. „Damit ich eben auch weiter reiten konnte. Da konnte ich dann abends ein halbes Stündchen eher gehen."

Während der Lehrzeit kann sie sich nicht vorstellen, das Reiten und die Pferde zu ihrem Beruf zu machen. Dieser Gedanke kommt ihr erst in Warendorf.

Oben und oben rechts: 1985 hatte Rembrandt sich immerhin für den „Preis der Besten" in Dortmund qualifiziert und schlug sich wacker, aber nicht spektakulär.

Linke Seite: Vater, Mutter, Tochter – bis heute ein eingespieltes Team (hier in Mondorf 1989).

Rechts: Der erste Auftritt unter den „Besten" reichte zu einem 7. Platz.

„Da konnte ich mir gar nicht mehr vorstellen, den ganzen Tag im Büro zu sitzen."

Im Rückblick meint Nicole: „Die Kollegen waren super, wenn es ums Reiten ging. ‚Komm, Nicole, hau bloß ab!' Ich möchte das nicht missen. Das einzige, was blöd war, war die Berufsschule. Die Lehre war eine schöne Zeit, das muß ich schon sagen. Sie hat mir auch viel gebracht. Es ist halt etwas Praxisnahes, schöner, als da in der Schule zu sitzen und zu pauken."

Der Durchbruch

Auf einem Turnier kam es dann zu einer für Nicoles reiterliche Karriere in mehrfacher Hinsicht entscheidenden Begegnung mit Dr. Uwe Schulten-Baumer. Er ist kein Reitlehrer, kein Profi, besitzt aber in Rheinberg eine eigene Reitanlage und steht im Ruf eines „Meistermachers", seit er seine Tochter Alexa zur S-Reiterin und seinen Sohn, der ebenfalls Uwe heißt und mittlerweile als Humanmediziner ebenfalls seinen Doktor hat, bis zum Vize-Europameister förderte. Er bietet ihr die Chance, ihre Pferde in seiner Anlage einzustellen und mit ihm zu trainieren. Zwei Jahre lang, von Anfang 1986 bis April 1988, reitet sie unter seiner Aufsicht und Anleitung.

Zwei Turniere, mit denen er besonders zufrieden war, hebt Dr. Schulten-Baumer hervor: „Das war einmal die Europameisterschaft der Jungen Reiter in Cervia, und dann die erste internationale Entscheidung, bei der die Welt aufmerksam wurde, in Lausanne, ein Jahr danach. Das waren die entscheidenden Schritte."

Cervia, der Anfang ihrer steilen Karriere, nimmt auch in Nicoles Erinnerung eine Sonderstellung ein. „Das Turnier war für mich das Schönste überhaupt. Das Hotel lag direkt am Strand. Ganz früh morgens hat jeder sein Pferd geritten, und dann ging's ab an den Strand, in die Sonne. Und abends habe ich dann Remmi noch mal ein bißchen herausgeholt. Das Problem war nur: Rembrandt lief überhaupt nicht. Ich war total aufgeregt. Dann kam dazu, daß ich zum erstenmal ein bißchen Unterricht von Harry Boldt, dem Bundestrainer, bekam. Der Bundestrainer der Junioren, Herr Peilicke, war auch da, und dann erzählten mir plötzlich drei Leute etwas: Dr. Schulten-Baumer, Harry Boldt und Herr Peilicke. Ich habe nichts mehr auf die Reihe gebracht. Da bin ich hinterher hingegangen und habe gesagt, daß ich das nicht gewohnt wäre, und wenn sie was hätten, sollten sie bitte zu meinem Trainer gehen, der mir das dann sagen kann. Okay, das war also geregelt. Und in der Prüfung lief es dann halt einfach traumhaft. Ich hatte wirk-

Auf Petit Prince, der Leihgabe von Sven Rothenberger, reitet Nicole 1992 beim CHIO in Zürich die Große Deutsche Olympia-Quadrille mit.

lich Superpunkte, und der einzige wirkliche Konkurrent war damals Sven Rothenberger mit Eschnapur. Aber dadurch, daß ich so gute Punkte vorgelegt hatte, war er so nervös, daß er Fehler über Fehler machte, und da hatte ich gewonnen. Das war irre."

Der Freundschaft hat es nicht geschadet. Als 1992 beim CHIO in Zürich die Große Dressurquadrille aufgeführt werden soll und Nicole kein passendes Pferd hat, leiht ihr Sven Rothenberger aus seinem beneidenswerten Stall voller Grand-Prix-Pferde seinen Petit Prince, und Nicole kommt blendend mit dem hübschen Pferd zurecht.

Von Cervia kehrte Nicole 1987 also als zweifache Europameisterin der Jungen Reiter zurück, einmal als Einzelreiterin, einmal mit der Mannschaft. Da die Möglichkeit besteht, schon früher als mit 21 Jahren bei den Senioren mitzureiten, ließ sie sich nach dem Erfolg in Cervia als Seniorin einstufen und ritt ihren ersten Grand Prix Special in Lausanne. Sie gewann ihn vor Christine Stückelberger, der Goldmedaillengewinnerin in der Großen Dressurprüfung der Olympiade von 1976, Europameisterin 1975 und 1977 und Weltmeisterin 1978.

„Da merkte man plötzlich, Mensch, da könnte etwas draus werden", kommentiert Nicole ihren ersten Grand Prix Special.

Dazu Dr. Schulten-Baumer: „Das war ein Grand-Prix-Turnier, bei dem die entscheidenden Reiter und Richter alle anwesend waren. Da hat sie gewonnen. Das war eine Überraschung. Da war der Aufmerksamkeitserfolg da."

Nicole ist sich voll bewußt, was sie diesem Ausbilder verdankt. „Ein phantastischer Lehrer, der ganz konsequent Schwerpunkte bei der Ausbildung setzt. Ihm ist wichtig, daß die Pferde über den Rücken gehen, daß sie auf halbe Paraden sensibilisiert werden. Sie müssen durchlässiger als durchlässig werden. Dazu müssen sie von Natur aus allerdings schon den richtigen Ablauf der Bewegung und gut gewinkelte Hinterbeine haben."

Er brachte ihr bei, auf das Pferd einzugehen, sich mehr Gedanken zu machen. „Und hinterher, als ich anfing allein zu reiten, habe ich das für mich ein bißchen umgebaut und alles noch verfeinert. So habe ich mir dann meinen eigenen Stil daraus erarbeitet."

„Er ist einfach ein Supertrainer, er macht alles von unten", sagt eine Reiterin aus dem Uhlenhorst in Mülheim und meint damit, daß er die Pferde, die er in Ausbildung hat, nicht selbst bereitet, sondern nur Tips gibt,

Historische Aufnahmen: Auf dem Abreiteplatz in Lausanne 1987 ahnt Christine Stückelberger (links im Bild) noch nichts Böses. „Uphoff? Nie gehört!"

Die Sensation ist perfekt: Das unbekannte junge Mädchen hat die weltberühmte Schweizerin auf den 2. Platz verwiesen. Die Dressurszene horcht auf.

was der Reiter machen soll. Eine Fähigkeit, die sehr selten ist und vielen abgeht, die selbst sehr gute Reiter sind.

Dr. Schulten-Baumer ist aber auch ein rigider Lehrer, der wenig dem Zufall oder dem eigenen Können der Reiterin überläßt. Er steht immer dabei, überwacht jeden Schritt: „Jetzt mußt du dies machen! Jetzt mußt

Nein, dieses Paar ist nicht mehr zu übersehen – Nicole und Rembrandt 1987 in Dortmund.

du das machen!" Ein Branchenkenner urteilt über ihn: „Einer von der Sorte: seine Linie oder weg."

Und er ist nicht nur von Berufs wegen, sondern auch in reiterlichen Dingen ein hervorragender Manager. Er kann eine Karriere planen, seinen Schützling auf die „richtigen" Turniere schicken, Presse und Fachwelt auf seine Entdeckung einstimmen. Wer zum Beispiel in Lausanne erfolgreich geritten ist, kann hinterher auf einem Turnier Fehler machen und ist immer noch wer. Dazu Klaus Balkenhol: „Dann haben sich die Richter diese gute Leistung eingeprägt und gehen schon von einer guten Benotung aus."

In dieser Weise Politik zu machen ist nur möglich, wo nicht das unerbittliche Bandmaß oder die Stoppuhr die Leistung messen. Wer dem Urteil von Wertungsrichtern unterliegt, muß einkalkulieren, daß Urteile vorgeprägt werden können, daß Wertungsrichter sich nicht von Einflüssen durch eigene Sympathien oder Antipathien, Funktionäre, Presse, Lobby usw. freimachen können. Das ist einfach menschlich. Wie beim Eiskunstlauf ist auch bei der Dressur die Wertung subjektiv.

Genauso subjektiv wie letzten Endes Nicoles Gefühl, in Rheinberg nicht ernst genommen zu werden. Die gegenseitige Sympathie hatte das Training mit Klaus Balkenhol erleichtert. Mit ihm versteht sie sich heute noch gut, und auch mit Fritz Tempelmann hatte sie hinterher noch Kontakt. Dr. Schulten-Baumer wirkt distanziert, verschlossen. Das kumpelhafte Du unter Reiterkameraden bietet er nicht an. „Eher ein Vater als ein Bruder", wird er von einem jungen Kollegen charakterisiert.

Nicole nennt ein Beispiel: Wenn sie den nunmehr neunjährigen Rembrandt piaffiert und das Pferd sieht etwas, dreht es einfach um und rennt weg. Nach dem Willen des Trainers soll sie weiterreiten, als sei nichts gewesen: „Oh, brav, brav."

„Aber Herr Schulten-Baumer, der veräppelt mich doch jetzt nach Strich und Faden!"

Aber der Trainer bleibt unerbittlich: „Nein, bloß nichts tun, weiterreiten."

„Was war das Resultat? In jeder Prüfung blieb Rembrandt in der ersten Piaffe stehen und haute ab. In jeder Prüfung! Und dadurch habe ich mich selber nicht mehr wohlgefühlt."

Kleinigkeiten können in einer solchen Situation sehr schnell überbewertet werden. So verbietet Dr. Schulten-Baumer Nicole, ihren Pferden abends noch Möhren zu füttern, und droht, sonst müsse sie gehen. Sie fühlt sich „total eingeschüchtert" und füttert keine Möhren mehr. Im Frühjahr 1988 zogen Uphoffs und Dr. Schulten-Baumer

1988 reicht es in Dortmund zur goldenen Schleife. Rembrandt und Nicole gehören inzwischen zum Olympiakader.

Bundestrainer Harry Boldt hat die Begabung, jedem Reiter seine persönliche Eigenart zu belassen.

die Konsequenz aus den sich häufenden Unstimmigkeiten und trennten sich.

„Es ist nun mal im menschlichen Leben so, daß man sich irgendwann trennen muß", kommentiert Dr. Schulten-Baumer das Geschehen. „Ich bin mit Nicole immer gut ausgekommen. Das ist auch jetzt so. Aber wir haben uns nun mal eben getrennt."

Nur vier Monate bis Seoul

Mit 70 S-Siegen und -Placierungen, von 1985 bis 1987 erritten mit Askan und Rembrandt, mit der Doppel-Europameisterschaft der Jungen Reiter und einem 3. Platz bei der Deutschen Meisterschaft der Senioren 1987 hatte sich Nicole natürlich längst einen Platz im Olympiakader verdient. Nach der Trennung von Dr. Schulten-Baumer, im April 1988, wechselte sie nach Warendorf zu Bundestrainer Harry Boldt, dem zweifachen Silbermedaillengewinner (1964 in Tokio und 1968 in Mexiko) und Goldmedaillengewinner in der Mannschaftsdressurprüfung 1968. In ihm begegnet sie wiederum einer Persönlichkeit, mit der sie menschlich gut auskommt. „Wir haben uns auf Anhieb super verstanden, und ich durfte ihn sofort Harry nennen."

Auch fachlich gab es keine Verständigungsschwierigkeiten. Die sehr auf Selbständigkeit des Reiters ausgerichtete Art des Bundestrainers war für die nach Selbständigkeit strebende Nicole genau richtig. So sagt sie heute über ihren Wechsel nach Warendorf: „Hätte ich das nicht gemacht, ich glaube, ich wäre nie nach Olympia gekommen."

Anders als Dr. Schulten-Baumer ließ Harry Boldt ihr viel Freiheit, setzte auf die Selbständigkeit und Eigeninitiative der jungen, begabten Reiterin. „Obwohl er da in Warendorf wohnte, hat er mich nicht jeden Tag trainiert. Ich war plötzlich auf mich allein angewiesen."

Im Endeffekt war es das, was Nicole weiterbrachte. Sie durfte und konnte selbst ausprobieren. Mit Problemen mußte sie allein fertig werden. Sie machte eine ganz wichtige Erfahrung: Mentales Training ist beim Reiten so wichtig wie das Arbeiten der Pferde und eine Voraussetzung für ein harmonisches Miteinander von Mensch und Tier. „Da fing ich erstmal an, darüber nachzudenken, was ich überhaupt tat, was mein Pferd überhaupt tat und warum, weshalb, und wie ich das abstellen konnte."

Harry Boldt schätzt es besonders, daß sie den Grundlagen der Reiterei so viel Beachtung schenkt, die Pferde locker macht, in die Tiefe reitet. Wo andere schnell, schnell darüber wegreiten und sich auf spektakuläre Lektionen konzentrieren, nimmt Nicole sich Zeit. So lernen die Pferde, kadenziert zu traben, den Trabtritt zu verlängern, ohne im Rücken fest zu werden.

Jan Nivelle, der ehemalige Bereiter vom Eschenbruch, heute längst selbständig, der Rembrandt schon als Vierjährigen kannte, hat die besten Vergleichsmöglichkeiten, weiß, wie Rembrandt damals trabte und wie heute. Rembrandt „ans Tanzen zu bringen", meint er, „das ist Nicole gelungen."

Vier Pferde hat Nicole in dieser Zeit zu betreuen: außer Askan und Rembrandt Grand Gilbert, gezüchtet von Marion und Richard Heitzer, und Sir Lenox.

„Was die Lektionen anging, hat mir Harry wahnsinnig gute Tips gegeben. Er hat mich einfach reiten lassen und hat wirklich nur die Lektionen korrigiert und verbessert. Aber an meinem eigenen Stil hat er nichts getan."

„Ach ja, sicher", bestätigt Harry Boldt, „das war bei den Passagen, damit das Vorderbein ein bißchen höher, mehr zum Schwingen kommt. Auch bei den Piaffen und den Übergängen, und vor allem bei den Pirouetten, da kann er schon mal ein bißchen ausweichen mit der Hinterhand – doch, da habe ich ihr schon sehr nützliche Tips geben können."

An einen konkreten Tip für Rembrandt kann Nicole sich spontan erinnern. „Er sagte: Also, der muß mindestens anderthalb Stunden raus, damit er einfach gelassener wird." Nicole richtete sich danach, und der Erfolg ließ nicht auf sich warten.

Auch Klaus Balkenhol sieht den Bundestrainer ähnlich: „Harry Boldt hat eben die Begabung, jedem Reiter seine persönliche Reitart zu belassen. Aber

Beim Training in Warendorf.

dann gibt er wertvolle Tips, wie dieses oder jenes auszusehen hat, vor allen Dingen, wie der Reiter es zu fühlen hat."

Ein anderer charakterisiert den Bundestrainer als einen Mann, der sehr viel Erfolg, Turniererfahrung und Praxis hat, im Training auf Verfeinerung aus sei, auch ein bißchen verschlossen scheine, aber kumpelhaft im Umgang sei. Humor muß der Mann jedenfalls haben, wenn er bei einer Trainingsstunde vor ausländischen Gästen, als ein Pferd mit dem Kopf zu hoch kommt, sagt: „Wenn bei uns in Deutschland einer ein bißchen hochkommt, dann machen wir ihn erst mal links und rechts ein bißchen locker."

Warendorf ist auch der Schritt in die private Selbständigkeit. Nicole bewohnt ein Zimmer in einem Wohnheim, in dem alle Reiter und Reiterinnen, die dort reiten oder angestellt sind, Unterkunft finden: „Klein, popelig eingerichtet, kein Teppich, nur PVC-Boden." Aber sie bekommt bald Gesellschaft: Bärbel Förster, eine Bereiterin, die sie noch von der Zeit in Rheinberg kennt. Als Bärbel eine neue Stelle sucht, sagt Nicole spontan: „Weißt du was? Komm doch zu mir nach Warendorf."

Der Aufenthalt, der ursprünglich nur für zwei Monate geplant war, dauert länger. Über ein Jahr leben die beiden jungen Frauen – Nicole ist inzwischen 21 Jahre alt – in dieser auf engen Raum begrenzten Gemeinsamkeit. „Aber uns hat das so gut gefallen. Jeder hatte in seiner Ecke das Bett, dann hatten wir so ein kleines Badezimmer mit Dusche. Und nur wir zwei – das hat unheimlich gut harmoniert."

Jede von ihnen hat zwei Pferde zu betreuen. Morgens holt eine von ihnen frische Brötchen, mit den anderen Bewohnern zusammen wird gefrühstückt. Zum Mittagessen fahren sie zusammen in eine der Gaststätten, wo es Abo-Essen (Essen auf Abonnement) gibt. Abends schmieren sich die beiden Butterbrote.

„Vor allem das war ganz toll: Zum erstenmal von zu Hause weg, selbständig sein, wir konnten tun und lassen, was wir wollten."

Sie kaufen immer in denselben Geschäften ein, wo es dann heißt: „Hallo, Nicole, komm, ich habe Äpfel zurückgehalten." Oder sie bekommen getrocknetes Brot für die Pferde.

In Wolfsburg 1988 sieht Rembrandt schon ganz wie ein Sieger aus.

Bereiterin Bärbel Förster war auch in Seoul dabei.

„Dann hatten wir unsere Lokale, einen netten Italiener, der am Anfang gar keinen Ton gesagt hat, ach, immer Jubel, Trubel, Heiterkeit. Wenn wir kamen, war immer richtig was los. In die Eisdiele, klar. Dann Diskothek…"

Rennbahntraining für Remmi

„Ich habe eine Wette abgeschlossen, vorher in Dortmund mit Frau Uphoff und auch Nicole, daß sie auf jeden Fall mit zu Olympia fährt. Da haben die mich ausgelacht. Wir haben um eine Kiste Champagner gewettet, und ich meine, das ist für mich schon etwas. Ich habe immer daran geglaubt, daß Nicole das mit dem Rembrandt schafft. Denn der Rembrandt, das ist im internationalen Geschäft ein absolutes Ausnahmepferd, und für mich – das sage ich ganz klar – kann so ein Pferd ruhig mal Fehler machen. Aber die Eleganz, das exzellente Gehen und diese Ausstrahlung, die das Pferd hat, gehen für mich über alles andere hundertprozentig Korrekte." Das sagte Klaus Balkenhol, und wie bekannt gewann er seine Wette.

„Es soll schon korrekt sein", betont er, „aber dieses Tänzerische, das der Rembrandt da aufs Viereck bringt, ist unglaublich, ist wunderbar, und dann diese Leichtig-

Ein Lehrgang mit Folgen

Geflogen war Rembrandt vor Seoul noch nie, aber er scheint sich in seiner Box weniger Sorgen zu machen als seine Reiterin.

keit, diese Eleganz, das ist einfach toll. Ich habe da von Anfang an dran geglaubt. Für mich ist das ein Olympiasieger gewesen. Das war er schon, als er sechs war."

Dabei hätte es schiefgehen können. Im April 1988 erst ging Nicole nach Warendorf zu Harry Boldt, und schon im August fanden in Seoul die Olympischen Spiele statt: Nur vier Monate blieben zum Training.

Wegen der für Korea gültigen Quarantänebestimmungen müssen alle Reiter für drei Wochen vor den Spielen ins Trainingslager. „Und alles trainierte immer fleißig. Rembrandt hatte sich – Gott sei Dank – im Heunetz verfangen und ein dickes Bein, durfte gar nicht geritten werden. Kam mir ehrlich gesagt ganz gelegen. Denn die anderen hätten bestimmt gewollt, daß ich gearbeitet hätte. Und das ist nicht meine Art. Lektionen reite ich kaum. Ich sehe immer zu, daß die Pferde schön locker sind. So, und damit habe ich mich zwei Wochen von den dreien von diesem Training befreit."

In der letzten Woche des Trainingslagers erst beginnt Nicole damit, Lektionen zu reiten.

Auch in Seoul selbst bereitet sie sich anders als andere auf den olympischen Wettstreit vor. „Vor der Haustür" liegt eine Riesenrennbahn, kilometerlang und dreißig, vierzig Meter breit. Die Spring- und Vielseitigkeitsreiter lassen es hier „schnattern". Nicole – von Warendorf her gewöhnt, ihre Pferde im Gelände oder auf der Rennbahn zu reiten („Dressurviereck kannte ich kaum noch") – kann nicht widerstehen.

„Wißt ihr was, Leute?" sagt sie. „Ihr könnt von mir aus machen, was ihr wollt. Trainiert ihr nur alle schön!" Schnallt die Bügel kürzer und galoppiert mit Springreiter Dirk Hafemeister über die Rennbahn, daß die Fetzen fliegen. „Das war lustig. Die standen da alle, haben nur mit dem Kopf geschüttelt, und die anderen Dressurreiter, die ritten schon ihre Traversalen, Linkstraversalen, Rechtstraversalen, fliegende Wechsel. Und ich knatterte mit Remmi über die Rennbahn, zwei Tage. Damit habe ich wirklich alle aus dem Häuschen gebracht."

Aber auch danach trainiert Nicole nicht so, wie die anderen das erwarteten. „Ich habe erst einmal schön in die Tiefe geritten, wieder alles schön locker und so."

Kein Wunder, daß die anderen – Bundestrainer Harry Boldt, Equipechef Anton Fischer, die anderen Mannschaftsreiter (Ann-Kathrin Linsenhoff, Monica Theodorescu, Dr. Reiner Klimke) immer nervöser werden. Sie kennen Nicole zu wenig, verstehen nicht, was vorgeht. Harry Boldt: „Ihre Bierruhe, das war ein bißchen … (lacht). Sie mußte in drei, vier Tagen starten und war immer noch am Herumspielen sozusagen."

Schließlich ging es nicht nur um die Einzelwertung, sondern auch um die Medaillen in der Mannschaftswertung. „Irgendwann muß man ja auch sagen: Hör mal, jetzt wird es aber Zeit, daß du anfängst zu arbeiten", sagt Harry Boldt.

Genau das tat er dann auch. Nicole mit all ihrer berühmten Nervenstärke bekennt: „Da fingen sie wirklich an, mich auch verrückt zu machen." Sie fühlt sich unter Druck gesetzt, heult, will abreisen.

„Sie mußte in drei, vier Tagen starten, und war immer noch am Herumspielen…"

43
Rennbahntraining für Remmi

44
Ein Lehrgang mit Folgen

Auch wenn sie später mit dem Üben angefangen hatte: Schöner hätten Rembrandts Linkstraversalen gar nicht ausfallen können.

Zu Bärbel Förster, ihrer Bereiterin, sagt sie: „Du kannst Remmi reiten. Ich fahre, ich halte es nicht mehr aus."

Die Aufregung ist groß. Reiner Klimke, der einzige Mann in der Mannschaft, erfolgreichster Dressurreiter aller Zeiten und den drei Frauen auch an Jahren überlegen, ruft nachts bei den Eltern Uphoff an, erzählt ihnen, was vorgefallen ist.

„Habe ich die Erlaubnis, mich ein bißchen darum zu kümmern?"

„Ja", sagt Jürgen Uphoff, „mach! Wir kommen erst nächste Woche."

„Und da hat mich Reiner wirklich ans Händchen genommen und mich überall mit hingeschleppt", sagt Nicole. „Und dann hat er den anderen erst einmal eins auf den Deckel gegeben. Sie sollten mich einfach mal reiten lassen. Ich wüßte schon, was ich mache. Und dann war es auch gut."

Seoul 1988 – ein Traum wird wahr

Im Endeffekt klappte eben doch alles. An die entscheidenden zehn, elf Minuten – die für ihre Mutter zur Ewigkeit wurden – kann sich Nicole Uphoff kaum erinnern. „Ich weiß nur, daß ich da hineingeritten bin. So nach dem Motto: alles oder nichts bin ich geritten, habe wirklich alles auf eine Karte gesetzt. Ich denke, verlieren kannst du nichts, du kannst also wirklich nur gewinnen. Vielleicht kriegst du so ein Ding, so eine Medaille.

Der Remmi war dann ja im Schritt so wahnsinnig nervös. Bei dem ging's auch nur nach vorne. Je mehr Mitteltrab, desto besser. Und je mehr Mittelgalopp, auch desto besser. Deshalb konnte er aber keinen Schritt gehen. Das merkte ich; ich saß ja drauf. ‚Nicole, ganz ruhig!' Ich durfte mich nicht bewegen. Ich habe keine Luft geholt. Ich saß da und habe wirklich nur noch ganz vorsichtig gelenkt und versucht, ihn da durchzukriegen, daß er nur nicht anzackelt, daß er irgendwie schrittähnlich geht. Dementsprechend waren auch die Noten im Schritt, die waren ganz, ganz mies. Bei dem Rest kann ich mich nur noch erinnern, daß ich Power gemacht habe. Aber Rembrandt wollte auch. Der wollte wirklich nur nach vorn, piaffierte wie ein Weltmeister… Das war toll."

„Hat dann eigentlich Rembrandt die Medaille gewonnen?"

„Ja, im Endeffekt. Ich glaube, wir waren uns sehr einig."

„Mut zum Risiko" überschrieb in ihrer Sondernummer zu Seoul auch die Fachzeitschrift „St. Georg" ih-

Auf dem Treppchen ganz oben – die jüngste Goldmedaillengewinnerin in der Dressur, die es je gab.

ren Bericht von der Einzelwertung der Großen Dressurprüfung. „Sie setzte alles auf eine Karte – und gewann: Nicole Uphoff, jüngste Olympiasiegerin in der Geschichte der Reiterei. Mit ihren erfrischenden, risikofreudigen Vorstellungen auf dem Westfalen Rembrandt setzte sie in der Dressur neue Akzente."

Dressur Einzel
MUT ZUM RISIKO

Die Wegweiser zeigen in eine klare Richtung, die Dressur hat nach Seoul neue Impulse bekommen. Der Sieg der 21jährigen Nicole Uphoff, der jüngsten Olympiasiegerin in der Geschichte der Reiterei, vor anderthalb Jahren noch ein Nobody des Sports, setzte ein Zeichen: Es gibt auch in diesem Sport der Arrivierten die Blitzkarriere für junge Menschen, wenn sie nur gut genug sind, und nicht nur den schleichenden Aufstieg. Das andere Signal, das die Richter setzten – und bereits im Grand Prix, der Mannschaftsentscheidung, ansetzten, betraf die Pferde: nicht den mechanisierten, braven Routinier will man vorn sehen, sondern das dynamische, ausdrucksvolle Pferd, dem man auch gelegentlich Ausrutscher nachzusehen bereit ist. Und dazu bot sich reichlich Gelegenheit. Es war als probten die Dressurpferde den Aufstand im Equestrian Park von Seoul. Da wurde losgepescht, gebuckelt, zur Seite gesprungen, der Rückwärtsgang eingelegt, all das, von dem man angenommen hatte, daß ein Dressurpferd es längst aus seinem Repertoire gestrichen hat. Die Reiter, die im Grand Prix Special um die Medaillen kämpften, saßen auf den reinsten Feuerstühlen an diesem Tag, an dem der Wind die Fahnen knattern ließ und 12 000 gutgelaunte Koreaner aller Altersklassen rastlos hin und her wieselten. Denn im Gegensatz zum Grand Prix waren die Ränge des Stadions fast gefüllt, und mancher Reiter, der die leeren Reihen und die fehlende Stimmung beim Grand Prix beklagt hatte, wußte nun nicht mehr, was ihm lieber sein sollte. Allen Pferden der Spitzengruppe unterliefen dicke Patzer und die Bronzemedaillengewinnerin Christine Stückelberger hatte wohl recht, wenn sie sagte: „Das zeigt doch, daß Leben in unseren Pferden steckt, daß wir nicht auf abgestumpften Tieren sitzen." Gründe für den kollektiven Ungehorsam waren genügend zur Hand, der Wind, die vielen Menschen, die tiefstehende Sonne mit irritierendem Licht-Schatten-Spiel – tatsächlich passierten die Ausrutscher vor allem in der zweiten Hälfte des Starterfeldes. Christine Stückelberger glaubte ihren Gauguin de Lully durch die nicht vollständig geschlossene Vierecksbegrenzung erschreckt. „Das wirkte auf mein Pferd wie ein großes schwarzes Loch", wobei die Reiterin hier vielleicht doch Gespenster sah. Und die Pferde der deutschen Reiterinnen hatten sich offenbar noch nicht von der knackigen Ehrenrunde der Mannschaftssiegerehrung erholt.

Sie setzte alles auf eine Karte – und gewann: Nicole Uphoff, jüngste Olympiasiegerin in der Geschichte der Reiterei. Mit ihren erfrischenden, risikofreudigen Vorstellungen auf dem Westfalen Rembrandt setzte sie in der Dressur neue Akzente.

Wo andere verzagten, riskierte Nicole Uphoff alles: „knatternder" starker Galopp, beherzte Trabverstärkungen, fließende Galoppwechsel.

„Je mehr Mitteltrab, desto besser."

Über die Vorstellung von Nicole auf Rembrandt in der Einzelwertung heißt es dort weiter:

Rembrandt, letzter Starter in dieser Prüfung, war wieder alles andere als ein Musterknabe. Nicole Uphoff ritt ihn wie immer bestimmt über alle Schrecksekunden hinweg, ging mit der Hand vor, wenn andere zogen, – ein Grund übrigens, warum ihr Nick Williams für Sitz und Einwirkung die seltene Note 10 gab – sie riskierte alles, wo andere verzagten: ein richtig knatternder, starker Galopp, beherzte Trabverstärkungen, fließende Galoppwechsel und schöne Piaffen, die erste allerdings überhaupt nicht am Platz. Alldem standen lediglich der wirklich schlechte starke und versammelte Schritt und eine etwas klebende Linkspirouette gegenüber. Als die Punktzahl für Rembrandt bekanntgegeben wurde, brach das sonst so beherrschte Mädchen in Tränen aus. Aber nur kurz. Schnell gewann sie ihre Fassung zurück. „Wir sind halt ein Team, Rembrandt und ich", sagte sie. „Wir haben Vertrauen zueinander." Ein Team, das der Dressurreiterei in den nächsten Jahren ein neues Gesicht geben könnte.

Seine federleichten Piaffen und Passagen brachten Rembrandt auch unter den Besten der Welt ganz nach vorn.

Einzelwertung

Rang	Nat.	Reiter	Pferd	Richter E	H	C	M	B	Total
1	FRG	Nicole Uphoff	Rembrandt	290 (2)	293 (1)	307 (1)	318 (1)	313 (1)	1521
2	FRA	Margit Otto-Crépin	Corlandus	296 (1)	279 (3)	304 (2)	294 (2)	289 (2)	1462
3	SUI	Christine Stückelberger	Gauguin de Lully	284 (3)	292 (2)	296 (3)	270 (10)	275 (5)	1417
4	CAN	Cynthia Ishoy	Dynasty	275 (6)	276 (5)	284 (5)	287 (4)	279 (3)	1401
5	FIN	Kyra Kyrklund	Matador	283 (4)	275 (6)	293 (4)	273 (7)	269 (8)	1393
6	FRG	Monica Theodorescu	Ganimedes	277 (5)	270 (8)	282 (7)	281 (5)	275 (5)	1385
7	SUI	Otto Hofer	Andiamo	270 (9)	279 (3)	279 (9)	288 (3)	267 (10)	1383
8	FRG	Ann-Kathrin Linsenhoff	Courage	275 (6)	269 (9)	282 (7)	271 (8)	277 (4)	1374
9	URS	Nina Menkova	Dixon	275 (6)	263 (13)	278 (10)	271 (8)	267 (10)	1354
10	KOR	Jung-Kyun Suh	Pascal	269 (10)	267 (10)	283 (6)	268 (11)	262 (14)	1349
11	SUI	Daniel Ramseier	Random	267 (11)	266 (11)	274 (11)	266 (12)	257 (16)	1330
12	CAN	Gina Smith	Malte	261 (14)	259 (18)	264 (12)	275 (6)	267 (10)	1326
13	USA	Robert Dover	Federleicht	267 (11)	271 (7)	263 (13)	265 (13)	254 (17)	1320
14	GBR	Jennie Loriston-Clarke	Dutch Gold	264 (13)	263 (13)	257 (15)	249 (18)	271 (7)	1304
15	HOL	Ellen Bontje	Petit Prince	260 (15)	258 (19)	257 (15)	261 (14)	261 (15)	1297
16	CAN	Ashley Nicoll	Reipo	245 (19)	263 (13)	262 (14)	258 (16)	268 (9)	1296
17	USA	Jessica Ransehousen	Orpheus	254 (16)	260 (17)	256 (17)	249 (18)	263 (13)	1282
18	DEN	Nils Haagensen	Cantat	254 (16)	261 (16)	253 (18)	259 (15)	253 (18)	1280
19	HOL	Annemarie Sanders-Keyzer	Amon	250 (18)	265 (12)	250 (19)	257 (17)	245 (19)	1267

Richter bei E = E. Kondratieva (URS), H = D. W. Thackeray (USA), C = W. Niggli (SUI), M = N. Williams (NZL), B = H. Schütte (FRG)

Mit 1521 Punkten gewann Nicole Uphoff, zu dem Zeitpunkt schon Goldmedaillengewinnerin in der Mannschaft, die Große Dressurprüfung der Olympischen Spiele in Seoul vor Margit Otto-Crépin (Frankreich, 1462 Punkte) und Christine Stückelberger (Schweiz, 1417 Punkte). Die Goldmedaille wird ihr von Prinzessin Anne, der FEI-Präsidentin, überreicht.

Alles riskiert und alles erreicht!

49
Alles riskiert und alles erreicht

Die Goldmedaillen-Mannschaft: Ann-Kathrin Linsenhoff, Monica Theodorescu, Nicole, Dr. Reiner Klimke

Verwandtentreffen in Seoul: Interessiert beschnuppert Rembrandt (rechts) die beiden Angelo-xx-Söhne Ahlerich (links) und Amon (20), unter Annemarie Sanders-Keyzer Mitglied der holländischen Dressurequipe.

Rembrandt mit acht Jahren — „...der machte schon Piaffe-Passage, nicht vollendet, aber seine Übergänge waren damals schon hervorragend."

Remmi

Wie sieht der Werdegang eines vierbeinigen Olympiasiegers aus?

Er ist fünf Jahre alt, als Nicole 1982 zum Eschenbruch, zu Klaus Balkenhol, geht.

„Ich wollte ihn zuerst nicht haben, weil er damals schon als ziemlich schwierig galt", so Klaus Balkenhol. „Er war wirklich ein sehr großer Flegel."

Zu dem Zeitpunkt sah Rembrandt aus wie ein Vollblüter, war sehr schmal in der Brust, noch nicht so muskelbepackt wie heute. Jan Nivelle erinnert sich, daß Rembrandt in den ersten Monaten immer nur bis zur Mitte der langen Seite ging. „Die letzten zwanzig Meter von den 60 ging er nie. Da bekam man ihn nicht auf den Hufschlag."

Ähnliches berichtet Klaus Balkenhol: „Man mußte auch schon mal durchgreifen bei Rembrandt und sagen: ‚So, mein Freund, das geht nicht.' Es konnte Ihnen passieren, wenn Sie so eine lange Halle hatten, daß er an der langen Seite bis zur Hälfte ging und dann nicht weiter wollte. Dann machte er einfach kehrt. Und es galt dann schon, mit etwas mehr Kraft zu arbeiten."

Trotzdem weiß Nivelle heute noch: „Der Klaus hat immer an dies Pferd geglaubt, sagte: ‚Er hat Geist.'"

Rembrandt wird also in Beritt genommen, von Klaus Balkenhol, von Jan Nivelle. Nicole selbst reitet ihn anfangs nicht sehr viel. „Aber Nicole hatte ein außergewöhnliches Talent", stellt Klaus Balkenhol fest. „Die konnte das auch schon."

Und mit dieser vollendeten Piaffe gewannen der 12jährige Rembrandt und Nicole 1989 in Mondorf die Europameisterschaft.

Muskelbepackt und selbstbewußt: Rembrandt Borbet 1990.

Trotz offensichtlicher Anlagen macht der braune Westfale dem Bereiter Jan Nivelle anfangs ziemliche Schwierigkeiten, „weil er nie so dieses Traben wollte und der Schritt nicht so gut war und weil er im ganzen einfach so unaufmerksam war." Rembrandt ist guckig und macht Jan Nivelle auch auf dem Außenviereck Schwierigkeiten. „Ich weiß nur noch, daß ich Rembrandt eine Woche lang nicht an einem Stuhl vorbeigebracht habe. Dann haben wir den Stuhl weggenommen. Da ist er nicht vorbeigegangen, weil der Stuhl nicht mehr da war."

Den Grund für diese Anfangsschwierigkeiten sieht Klaus Balkenhol einmal in der Jugend des Pferdes, in seiner körperlichen Unausgereiftheit. „Er war ja noch nicht so muskelbepackt, wie er das heute ist." Zum anderen ist für den Wallach eben schon damals charakteristisch, was auch heute noch sein Abschneiden auf Turnieren so schwer vorhersehbar macht: „Er hatte eben Augen für alles."

In einem Lehrfilm der deutschen FN, der für den „Preis der Besten" in Dortmund hergestellt wurde, sieht man Rembrandt einmal als junges Reitpferd und dann als Grand-Prix-Pferd die Traversale gehen. „Das ist ein Unterschied", sagt Jan Nivelle, „das kannst du dir gar nicht vorstellen."

Mit diesem Pferd sei die Familie Uphoff — Vater, Mutter und Tochter — durch Höhen und Tiefen gegangen, meint der ehemalige Bereiter vom Eschenbruch, der heute genau wie Ludo Konings selbständiger Reitlehrer ist. Wie sich das auswirkte, kommt einer Anekdote gleich. „Die ersten Jahre, da war immer einer, der ihn verkaufen wollte. Mal der Vater — dann waren Mutter und Nicole dagegen. Mal die Mutter — dann waren Vater und Nicole dagegen. Mal Nicole, dann waren Vater und Mutter dagegen."

Daß Jürgen Uphoff Rembrandt ein bißchen leid wurde, berichtet auch Klaus Balkenhol. „Was soll ich machen? Der ist so schwierig", klagte er öfter.

„Halt ihn, das ist ein Olympiapferd", riet Klaus Balkenhol. Von vielen wurde er damals dafür ausgelacht.

„Daß ich recht hatte, hat er ja bewiesen. Dank Nicole, denn die hat ihn dann ja weiter geritten. Sie hat ein sehr gutes Einfühlungsvermögen. Das brauchte Rembrandt, und das paßte genau."

Als Klaus Balkenhol vom Eschenbruch weggeht, ist Rembrandt sechs Jahre alt.

„Was konnte Rembrandt damals schon?"

„Rembrandt konnte damals seine fliegenden Galoppwechsel, Serienwechsel. Der machte schon Piaffe-Passage, nicht vollendet, aber seine Übergänge Piaffe-

Rembrandt Superstar betritt die Bühne.

Passage waren damals schon hervorragend. Das hatte Rembrandt einfach drin."

Mit dem fünfjährigen Rembrandt und einem Pferd aus der Reiterstaffel wollte Klaus Balkenhol damals beim Bundeschampionat der Reitpferde mitreiten. „Rembrandt – das war ja so ein wilder Wusel. Da waren wir in Münster-Handorf – das werde ich mein Leben nicht vergessen. Da durfte ich nicht vorne an der Spitze reiten, sondern ich mußte hinter einem herreiten. Der Rembrandt war sowieso aufgekratzt, und dann hat der mir die Arme lang gemacht. Er wollte immer nach vorne. Der wollte ja immer vorne sein."

„Also ist Rembrandt ehrgeizig?"

„Unglaublich ehrgeizig. Rembrandt hat gesunden Ehrgeiz, den Nicole auch erhalten hat", sagt Klaus Balkenhol.

Eine ehrgeizige Reiterin und ein ehrgeiziges Pferd – das stimmt zusammen. Denn den Impuls muß die Reiterin geben. An ihr liegt es, ob ein Pferd seinen natürlichen Ehrgeiz ausleben darf. Rembrandt mit seinen Vollblutvorfahren ist ein sehr gehfreudiges, arbeitseifriges Pferd, macht seinen Reitern aber auch schon einmal Schwierigkeiten. Er guckt gern einmal zuviel, springt weg, konzentriert sich auf alles, nur nicht auf den Reiter.

Diese Sensibilität auf die Umwelt, gehört sie nicht zu einem außergewöhnlichen, überdurchschnittlichen Pferd? Ist das nicht eine Eigenschaft, die es ebenso auch dazu befähigt, in besonderer Weise auf die Einwirkungen der Reiterin zu reagieren?

„Absolut", sagt Klaus Balkenhol. „Es hat ja kein Reiter so viel daraufgesessen wie ich außer Nicole jetzt, und ich habe schon gemerkt, daß er sehr, sehr sensibel war. Aber trotz seiner Sensibilität konnte man ihn gut handhaben."

Und Dr. Schulten-Baumer sagt über seinen früheren Zögling: „Es ist ein besonderes Pferd. Es war ja auch nicht so einfach. Es hat viel Einfühlungsvermögen gekostet, es so hinzubringen."

Und wie dürfen wir uns das weitere Leben dieses Superstars vorstellen?

„Mein Remmi hat nun mal alles erreicht, was ein Pferd erreichen kann, oder wir haben erreicht – ja, wir zwei zusammen. Und ich möchte ihn auf jeden Fall nicht erst aus dem Sport herausnehmen, wenn er zu alt dafür ist, sondern ich nehme ihn auf jeden Fall noch heraus, wenn er einfach gut und körperlich fit ist und noch top läuft. Daß ihn alle auch noch in guter Erinnerung haben, und dann soll eben der nächste kommen. Vielleicht geht er noch einmal eine Show, daß er einfach noch mal zeigen kann: Hier bin ich. Wenn er nach Barcelona kommt, geht er vielleicht in der nächsten Saison die World Cup Tour. Die klassische Tour sollen dann Grand Gilbert und Sir Lenox übernehmen."

Rembrandt Borbets Zukunftsaussichten sind – so scheint es – nicht schlecht.

Seoul und die Folgen

Die Folgen des Ruhms, der Berühmtheit waren mehr als eindrucksvoll. In einer Kutsche wurde die zweifache Olympiasiegerin durch Duisburg-Baerl ge-

Olympioniken unter sich: Nicole, eingerahmt vom erfolgreichsten Dressurreiter aller Zeiten, Dr. Reiner Klimke, und vom erfolgreichsten Springreiter aller Zeiten, Hans-Günther Winkler.

fahren, im Gefolge der Eversaler Reitverein zu Pferde, Polizei und Fernsehen. Die Straßen waren mit Transparenten, Blumen und Girlanden geschmückt. Händeschütteln, Geschenke, eine Rede des Bürgermeisters und Nicoles erste eigene Rede — über Seoul, was sonst!

Termin reiht sich an Termin. Einladungen von Verbänden, Sportgremien, vom Bundespräsidenten oder Bundeskanzler, Interviews, Ehrungen wie „Sportler des Jahres" oder das Silberne Lorbeerblatt, einen Siegelring vom Aachen-Laurensberger Reitverein, der auch den CHIO ausrichtet, die Goldene Ehrennadel mit Diamanten der FN oder ein Abzeichen, das zum freien Eintritt bei allen internationalen Turnieren berechtigt — wen wundert es, daß nicht alles im Gedächtnis bleibt, daß man die Ehrungen nicht alle aufzählen kann.

„Ich glaube, ich bin drei Monate kaum aufs Pferd gekommen, war nur unterwegs." Unter anderem eröffnet Nicole den Ball des Sports mit dem Bundespräsidenten, Richard von Weizsäcker.

„Kann er tanzen?"

„Ja, super, der beste Tänzer überhaupt. War ganz toll. Alles schaute und lachte."

„Wissen Sie noch, was für ein Tanz das war?"

„Ja, Walzer, den kann ich gerade noch", sagt Nicole. „Wirklich ein sehr guter Tänzer."

Ein Medienspektakel sondergleichen im Inland und im Ausland setzt ein; alle berichten über Nicole Uphoff, ob FAZ oder SPIEGEL, ob BILD oder ECHO DER FRAU, ob WENDY oder ST. GEORG. Gleichermaßen aktiv sind Rundfunk und Fernsehen: Nicole mehrmals als Gast in der Sportschau, in Talkshows und Unterhaltungssendungen wie TELE-AS.

Allein alle Zeitungen zu nennen würde Seiten füllen. Nicoles Vater hat alle Artikel gesammelt. Acht

Wie wär's mit einer Karriere als Model? Modeaufnahmen gehören entschieden zu den angenehmen Seiten des Erfolgs, aber nicht alle Erfahrungen mit der Presse fielen so positiv aus.

Die Medien reißen sich um den sympathischen Star. Hier mit Dieter Kürten in Baden-Baden.

dicke Ordner sind schon voll, ein großer Karton mit unbearbeiteten Zeitungsartikeln, Fotos, Berichten, Reportagen wartet noch darauf, daß Vater oder Mutter Zeit dafür haben, zu ordnen und in Klarsichthüllen zu stecken. Und fast täglich kommt Neues hinzu.

1992, vor Barcelona, bringt der Postbote täglich wieder vermehrt Fanpost. „Nach Seoul war das absoluter Wahnsinn. Da kamen jeden Tag solche Stapel, Wäschekörbe. Und jetzt zwischen drei und zehn Briefe am Tag. Unterschiedlich. Die werden erst mal gesammelt, die arbeite ich nicht jeden Tag weg."

Was schreiben ihre Fans? Die Briefe enthalten Lob, Bewunderung, persönliche Mitteilungen — daß man Hund, Hase oder Katze besitzt — und viele, viele Fragen auf meist mit Pferden geschmücktem Briefpapier, die alle beantwortet sein wollen: über Rembrandt und die anderen Pferde, den Werdegang, ihre reiterliche Karriere und ihr Training. Auch Hilferufe, wie man bestimmte Schwierigkeiten beim Reiten des eigenen oder Schulpferdes abstellen kann, erreichen Nicole: „Beim Springen mache ich fast alles falsch! Kannst du mir wohl sagen, wie ich es richtig mache?"

Nicht alle sind so verständnisvoll wie Cinthie Ubich, die ihr einen frankierten Rückumschlag beigelegt hat und schreibt: „Falls du die 3 Fragen nicht beantworten kannst, dann macht es nichts."

Die Fans zwischen sieben und siebzig, die sich selbst als Sportsfreund, Reitfan oder Pferdenärrin bezeichnen, bitten um Autogramme, Poster und Fotos, möchten sie im Stall besuchen, wollen eine Brieffreundschaft beginnen, schicken ihr zwanzig und mehr Zeitungsausschnitte, die sie alle signieren soll. Wieder andere dichten sie an, wie die zwölfjährige Kerstin Pistorius, die in der letzten Strophe ihres zwei Seiten langen Gedichtes sagt:

> Sie sind ein supertoller Reiter
> und wirken dabei doch so heiter,
> daß man die Stärke fast vergißt,
> die nervlich beim Reiten so wichtig ist.
> Sie sind hier das Idol von allen,
> kaum einem würden Sie mißfallen.
> „Nicole und ihr Rembrandt"
> wurden bei mir zum Vorbild ernannt,
> denn niemand kann so wundervoll reiten,
> wie die beiden — seit meinen Lebenszeiten.

Wer ein so volles Programm hat, muß tüchtig strampeln.

Am wohlsten fühlt sich Nicole im Stall bei ihren Tieren.

Wie hat der Wirbel damals auf Nicole gewirkt? „Wenn ich damals so weit gewesen wäre wie heute, hätte ich das viel mehr genossen. Damals ging mir das teilweise unheimlich auf den Keks. Wenn jemand etwas von mir wollte, habe ich meist schon die Klappe heruntergelassen."

Aber auch das war keineswegs Arroganz oder Bequemlichkeit. „Wenn es nur um mich allein geht, kann ich das Joggen oder das Krafttraining vielleicht auf eine andere Uhrzeit verlegen. Aber für die Pferde muß man halt immer Zeit haben, und das war das, was mich damals ein bißchen genervt hat, weil die Pferde dann teilweise zu kurz gekommen sind."

Das ist der Grund, warum sie heute die Termine aussortiert, nicht mehr als einen pro Woche, allenfalls zwei annimmt, „damit ich mich schön um meine Pferde kümmern kann. Ohne die geht es nun einmal nicht." Trotzdem sagt die Mutter: „Das Hetzen und Jagen sind wir jetzt gewohnt."

Neben dem täglichen Training muß Nicole sich auf Turniere vorbereiten, mit ihren Pferden nach Dortmund, Stuttgart oder Zürich fahren. Seit sie Olympiasiegerin und Weltmeisterin ist, häufen sich die Einladungen zu Turnieren, weil jeder Veranstalter sein Turnier durch sie aufwerten will.

Links: Das neue Traumpaar: Nicole und Rembrandt.

Die Zeit für ihre Pferde muß sich Nicole oft regelrecht erkämpfen.

Dabei ist nach dem Reiten der Tag für sie noch lange nicht zu Ende. Dazu ihre Freundin Birgit nach einem Blick hinter die Kulissen: „Da war sie gerade fertig mit Reiten, und anschließend ging's in ein kleines Eckchen zum Interview. Dann mußte sie noch eine Stunde, anderthalb Stunden Autogramme geben. Abends war auch noch ein Essen arrangiert. – Ich mein', da muß man auch manchmal gute Miene zum bösen Spiel machen. Normalerweise hätte man sich hingesetzt und alle viere von sich gestreckt."

Die Fanbriefe müssen beantwortet werden, Nicole muß den Sponsoren auf Messen zur Verfügung stehen, Kolumnen schreiben wie für WENDY, bei den Dreharbeiten für die ARD-Vorabendserie „Bille und Zottel" nach einem Buch, das sie als junges Mädchen selbst gelesen hat, beratend zur Seite stehen. Oder ausführliche Interviews geben, im Reitstall Fragen beantworten – wie auch für dieses Buch.

Gut für das eigene Ego, es schmeichelt, und Nicole genießt es. Gut für den Dressursport, es führt zu einem enormen Boom in der Reiterei, so wie die sportlichen Leistungen Steffi Grafs und Boris Beckers einen Tennisboom zur Folge hatten.

Derartig in der Öffentlichkeit zu stehen ist zugleich eine Form von Spießrutenlaufen: Kein Schritt, den Nicole tut, bleibt unbeobachtet. Die Gerüchteküche brodelt, unter der Lupe der Reporter und Journalisten der Regenbogenpresse wird Wahres verzerrt, bis zur Unkenntlichkeit entstellt, und Unwahres berichtet, als sei es tatsächlich passiert.

In der Öffentlichkeit zu stehen bedeutet, daß der Mensch vereinnahmt wird, als gehöre er sich nicht mehr selbst. Da sind die angeblichen Fans, die in unverschämter Weise hohe Forderungen stellen: nach noch mehr Autogrammen, nach Fotos, nach persönlichen Kontakten bis hin zum unsittlichen Antrag. Da sind die Reporter bestimmter Zeitungen, die den Star verfolgen, ihr die Worte im Mund umzudrehen versuchen.

Daß Nicole Uphoff dabei natürlich geblieben ist, frei und offen, daß sie den alten Freundinnen und Freunden gegenüber weder arrogant noch anmaßend wirkt, kann man ihr unter diesen Umständen schon als Verdienst anrechnen.

Birgit Dratsdrummer, Nicoles alte Freundin und angehende Hotelfachfrau, erzählt: „Nicole hat mich im Schwarzwald besucht, weil ich da meine Lehre gemacht habe. Hat an der Bar gesessen, bis ich Feierabend hatte, und da fragte mich einer der Gäste, wer das denn sei. Und da habe ich gesagt: Das ist eine Schulfreundin, mit der ich von der fünften bis zur elften in eine Klasse gegangen bin. Nachher haben sie herausbekommen, daß Nicole eben die Dressurreiterin ist und Olympiasiegerin, und da meinten sie dann zu mir: ‚Sie haben uns angelogen.' ‚Nein', sage ich, ‚ich habe Sie nicht angelogen. Ich habe Ihnen nur nicht alles gesagt.' Und Nicole sagte damals auch: Ich möchte nicht, daß die Leute wissen: ‚Oh, das ist Nicole Uphoff; jetzt müssen wir schön nett und freundlich sein.' Sondern ich möchte die Gäste oder überhaupt die Menschen erst so kennenlernen. Und wenn sie dann nachher sagen: ‚Oh, das ist Nicole Uphoff', dann ist mir das wesentlich lieber.'"

Der Erfolg hat viele Väter

Eine wahrhaft einmalige Karriere. Wie schafft man so etwas? Versuchen wir – soweit dies theoretisch überhaupt möglich ist – einmal zu analysieren, welche Voraussetzungen dazu gehören.

Sicher ist es schon mal ein Unterschied, ob man als Reiter oder Reiterin mit einem Namen, der in internationalen Reiterkreisen Bedeutung hat, auf die Welt kommt oder beispielsweise mit dem Namen Uphoff. Die Gegebenheiten sind anders, die Tradition ist eine andere.

Beide Eltern Uphoff reiten nicht. Sie gehörten nicht in den Kreis der etablierten Familien, die eine eigene Reitanlage und eigene Reitlehrer und die entsprechende internationale Anerkennung haben.

Dazu die Mutter: „Als unbeschriebenes Blatt hat es Nicole oftmals schwer gehabt, daß man überhaupt hinschaute. Sie hatte ja keine Lobby. Da gibt es nur die Devise: Du mußt zwei Klassen besser sein als alle anderen."

Klaus Balkenhol, der ähnliche Erfahrungen machte, sagt: „Obwohl sie alle sehr nett sind – das hat nichts damit zu tun, daß man dann schon einen kleinen Tick mehr arbeiten muß, reiten muß, um einfach an den Bekanntheitsgrad von diesen etablierten Leuten heranzukommen. Sagen wir mal so: Die sind drin in der Szene; die anderen müssen erst mal hineinkommen. Die Richter kennen jene; da wird schon ganz anders gepunktet. Das ist ganz normal."

Doch nicht nur bei den Richtern und Verbandsfunktionären hat ein unbekannter Newcomer es schwerer. Auch Journalisten und Sportkommentatoren ziehen am selben Strang.

Der Erfolg hat viele Väter

Familie Uphoff in Seoul – der unermüdliche Einsatz hat sich gelohnt, das Gläschen Sekt ist mehr als verdient.

In dem WDR-Fernsehfilm „Zu Gast bei Nicole Uphoff und Rembrandt" verdeutlicht der Journalist Dieter Ludwig diese Situation: „Die Dressur ist ein schon geschlossener Kreis, und es ist schwer, da einzudringen. Weil – diese Gesellschaft besteht aus Königen, und der König läßt andere neben sich gelten, aber ungern, weil er nämlich genau weiß, der nächste steht schon bereit."

Was also gehört dazu, um eine solche Karriere zu machen?

Finanzielle Mittel

So ernüchternd das für viele hochfliegende Hoffnungen klingen mag: Ein Elternhaus mit dem für den teuren Reitsport nötigen Kleingeld kann auf jeden Fall nicht schaden. Dank der Tatsache, daß sich die Binnenschiffahrtsspedition Jürgen Uphoffs gut entwickelt hatte, konnte Nicole nach Wunsch und Ausbildungsstand in entsprechenden Reitanlagen mit besten Trainern ausgebildet werden, konnte der Vater ihr gute Pferde kaufen.

Doch wir wollen den elterlichen Einsatz nicht aufs Geld reduzieren. Es gehört mehr dazu: Einsatzbereitschaft bis fast zur Selbstaufgabe. In dem WDR-Film sagt der Vater: „Nicole ist mein Kind. Sie ist mein Liebling. Für sie tue ich einfach alles." Wenn gerade kein Trainer zur Verfügung stand, trainierte er sie sogar selbst. Reiten könne er nicht, gibt er unumwunden zu, „aber Pferde aussuchen kann ich."

Während er alle Voraussetzungen schafft, kümmert sich Mutter Uphoff um den Kleinkram, fährt ihre Tochter in den Stall und holt sie wieder ab, begleitet sie auf Turniere, ist immer für sie da. „Ein Halbtagsjob", wie sie es nennt, was eher noch eine Untertreibung sein dürfte. Und sehr leise fügt sie hinzu: „Manchesmal komme ich wohl ein bißchen zu kurz. Das Leben hat sich total auf die Reiterei eingestellt, das andere läuft nur noch so nebenher."

Vater Uphoff kümmert sich um die geschäftlichen Dinge, damit Nicole mehr Zeit für ihre Pferde bleibt.

Heute kümmert sich Vater Uphoff um die geschäftlichen Dinge, regelt Termine und Verträge. Und Nicoles Erfolge sind auch seine eigenen.

„Ich glaube nicht, daß irgendein Manager so viel für mich hätte tun können, wie er für mich getan hat", sagt Nicole.

Vor allem knüpfte er Kontakte zu Sponsoren, ohne die heute kein Hochleistungssportler mehr auskommt. Wer Spitzensport betreiben will – ganz gleich, in welcher Sportart –, hat keine Zeit mehr, daneben seinen Lebensunterhalt mit einem Beruf zu verdienen. Aber leben muß er, und wenn er Reiter ist, muß er – oder sie – mehrere wertvolle Pferde im Stall haben und unterhalten. Das übersteigt sogar die Opferbereitschaft eines Jürgen Uphoff.

Sponsoren können Patenschaften für Pferde übernehmen, also zum Beispiel deren Unterhalt einschließlich der horrenden Versicherungsbeiträge finanzieren. Als Gegenleistung erwarten sie natürlich, daß ihr Name im Zusammenhang mit dem Sportler auftaucht, sei es auf der Kleidung, sei es im Namen des Pferdes oder bei anderen Werbeaktivitäten. Deshalb trägt Rembrandt seit 1990 zusätzlich den Namen der Firma Borbet für Leichtmetallfelgen, deshalb ist Nicole in Reitkleidung der Firma Euro-Star oder mit einer Rolex am Handgelenk zu sehen, deshalb taucht der Name der Pharma-Firma Allergan, die ihr Kontaktlinsen nach Maß angefertigt hat, auf ihrer Reitweste oder irgendwo dekorativ in ihrer Umgebung auf, deshalb sitzt sie auf Sätteln der Marke Passier und trinkt Rheinfelsquelle. Alle diese Firmen ermöglichen es ihr, sich ganz den Pferden zu widmen, für gute Nachwuchspferde im Stall zu sorgen und sie auf Turniere vorzubereiten.

Gute Pferde

Es ist mit, aber nicht nur eine Frage des Geldes, gute Pferde zu kaufen. Viele Leute haben schon ein Vermögen für Pferde ausgegeben und nicht die Hälfte von Nicoles Erfolg dafür eingehandelt. Es muß wohl etwas daran sein, daß Vater Uphoff ein „Händchen" für Pferde hat. Er kaufte ihr Waldfee, ein verrücktes Pferd, aber mit sehr guten Anlagen. Und er kaufte Askan, ein Pferd, von dem Ludo Konings sagt: „Askan war genau das richtige Pferd vor Rembrandt." Zu Rembrandt meint Klaus Balkenhol: „Jeder Reiter hat einmal im Leben das richtige Pferd. Wenn er zwei kriegt, die ganz vorne laufen, hat er Riesenglück gehabt."

Rembrandt brilliert vor allem in den Piaffe-Passage-Übergängen, die anderen Pferden unendlich schwer fallen und die Höchstnoten bringen können – wenn sie gut ausgeführt werden. „Das war's, was er

Der Erfolg hat viele Väter

Rechts: Privat trägt Nicole gern und ohne jeden Komplex ihre Brille. Und wer könnte behaupten, daß sie ihr nicht steht?

Unten rechts: Den richtigen Sitz des Zylinders hat Nicole „im Griff", aber sonst verläßt sie sich beim Reiten lieber auf ihre Kontaktlinsen.

schon als Sechsjähriger hervorragend konnte. Er passagierte, und dann passagierte er auf der Stelle weiter, und dann ritten Sie einfach wieder weiter. Das hatte er einfach begriffen", sagt Klaus Balkenhol. „In der Beziehung ist er ein Naturtalent."

Gute Trainer

Natürlich sind gute Ausbilder wichtig, aber außerdem muß man auch noch den jeweils richtigen im richtigen Moment finden. Die Richter wollen bestimmte Dinge sehen, und der Trainer arbeitet darauf hin. Jeder von Nicoles Trainern legte Wert auf eine andere Seite des Reitens: Balkenhol legte Gewicht aufs Fühlen, Tempelmann aufs technisch korrekte Reiten, Dr. Schulten-Baumer aufs Gymnastizieren des Pferdes, auf das Schönermachen, das Entwickeln der Muskulatur. Harry Boldt verfeinerte das alles weiter bis zur Kunst.

Dazu Ursula Uphoff: „Nicole hat von jedem Reitlehrer etwas angenommen und mitgenommen. Was auf sie paßte, auf ihr Pferd paßte, das wendet sie teilweise heute noch an."

Körperliche und geistige Fähigkeiten

Brillenträger zum Beispiel haben es beim Reiten einfach schwerer, obwohl sich das Handikap durch eine beschlagene oder rutschende Brille noch ver-

64
Seoul 1988 – ein Traum wird wahr

  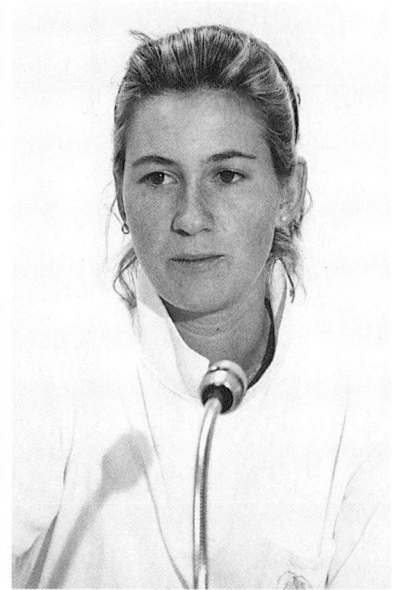

„...auf sympathische Art schüchtern, zurückhaltend, ehrlich."

gleichsweise leicht beheben läßt. Die Firma Pharm-Allergan als Sponsor zu gewinnen brachte Nicole gleich zweifachen Vorteil, einmal eine finanzielle Entlastung, zum anderen spezielle, weiche Kontaktlinsen, die sie seit 1988 trägt: „Super, ich habe die Linsen den ganzen Tag drin, teils bis zu achtzehn, zwanzig Stunden, das ist kein Problem. Für mich die beste Einrichtung der Welt. Ich sehe einfach wie ein normaler Mensch. Okay, manchmal in sehr trockenen Räumen wird die Linse auch schon mal trocken, da muß ich schon mal blinzeln. Aber das ist auch kein Problem. Da gibt es von Allergan Tropfen für die Augen. Dann ist das auch erledigt."

Lampenfieber vor einem Wettbewerb, vor einer Prüfung – fast jeder Mensch hat darunter zu leiden. Um so bemerkenswerter ist es, daß Nicole auch damit keine Probleme zu haben scheint. „Ich war früher unheimlich aufgeregt vorm Turnier, konnte abends nicht einschlafen, morgens war mir schlecht, ich konnte nicht frühstücken, das Herz ging dong-dong-dong. Und irgendwann – nein, das fing mit Remmi an, bei dem mußte ich ruhig sein – habe ich mich in eine stille Ecke gesetzt, mich so richtig auf meinen Puls konzentriert und habe den wirklich heruntersetzen können. Ich war selber erstaunt, aber es funktionierte. – Jedesmal, wenn ich merke, ich bin fürchterlich aufgeregt, mein Herz schlägt wild los, dann kann ich mich hinsetzen, konzentrieren, und dann geht der Puls wieder herunter. Ich kann mich auch hinsetzen, will eine Viertelstunde die Augen zumachen und sage: Um drei bin ich wieder wach. Funktioniert – um drei bin ich hellwach! Total erholt, als wenn ich acht Stunden durchgeschlafen hätte."

Ob auf dem Abreiteplatz oder in der Prüfung – Nicole reitet immer diszipliniert und voller Konzentration.

Wie sehen die anderen Nicole?

„Sie war kein Siegertyp als Mädchen, auf sympathische Art schüchtern, zurückhaltend, ehrlich", sagen Jan Nivelle und Ludo Konings.

„Nicole war, das muß man einfach sagen, sehr, sehr diszipliniert. Sie hat den Aufstieg in die Weltspitze sehr diszipliniert und mit Kopf verarbeitet", meint Klaus Balkenhol. „Sie ist immer natürlich geblieben, nie ausgerastet."

Offensichtlich hat Nicole stärkere Nerven als alle übrigen. Das bestätigt auch der Bundestrainer heute, obwohl ihre „Bierruhe" vor Seoul sogar ihn aus dem Konzept gebracht hatte. Er sieht aber auch noch weitere Charakterzüge, die diesen Erfolg möglich machten: „Sie hat einen starken Willen und schont sich selber nicht. Sie war sich nie zu schade. Wenn sie auf Turnier ist, dann setzt sie sich voll ein. Bei allen Turnieren ist meist morgens von fünf bis sechs die Halle offen. Da ist sie dann eine der ersten. Sie ist sehr leistungsbewußt und will. Sie sagt nicht: ‚Och, um fünf Uhr aufstehen! Wenn ich nachher abreite, dann reicht's auch,' wie die meisten das machen. Nein, da hat sie einen eisernen Willen und eine starke Persönlichkeit. Sie weiß genau, was sie machen muß, um zum Erfolg zu kommen."

Klaus Balkenhol: „Ich denke schon, daß sie sehr nervenstark ist und daß sie natürlich alles über den Kopf arbeitet. Sie läßt sich nicht von Emotionen hinreißen. Sie verarbeitet das und handelt danach. Das ist für eine Hochleistungssportlerin einfach auch erforderlich."

Nicoles Freundin Marion Heitzer: „Gut reiten ist das eine, aber man muß für die Prüfung auch die Nerven haben. Und da ist sie dann in der Lage, noch mal einen draufzulegen, Dinge zu bringen, die sie im Training gar nicht so zeigt. Da kann sie wirklich das Letzte

Rechte Seite: Siegerehrung bei der Europameisterschaft 1989. Wieder steht Nicole ganz oben, während Margit Otto-Crépin, Frankreich (2.) ein Küßchen von Ann-Kathrin Kroth (3.) entgegennimmt.

Links: „Und dann hat Remmi so wahnsinnig mitgemacht…" (WM 1990).

geben. Ich glaube, das ist schon speziell bei ihr, weil sie sehr ruhig trainiert und gar nicht immer so das Letzte herausholt aus den Pferden."

Nah am Wasser gebaut hat Nicole Uphoff sicher nicht. Trotzdem: „Ja, nach Seoul und nach der Weltmeisterschaft in Stockholm, da habe ich erst einmal geheult wie ein Schloßhund. Aber sonst — auch so auf den Euros — nicht. In Seoul, weil das ja Olympia ist. Das kann man auch gar nicht beschreiben, das Gefühl. Und bei der WM, weil ja vorher alles in den Sternen stand wegen des Armbruchs. Und dann hat Remmi so wahnsinnig mitgemacht. Allein das Gefühl, wie der selber gearbeitet hat, das hat mich zu Tränen gerührt. Da waren die Ovationen, die hörten ja gar nicht mehr auf zu klatschen, das läuft einem runter wie… Da konnte ich mich schon nicht halten, so mhmhmhm (schnieft). Und dann kam meine Punktzahl, da war Ende, da habe ich nichts mehr mitbekommen."

Höher geht's nimmer

So unglaublich es allen erschien: Seoul, die Goldmedaille für die jüngste Dressurreiterin aller Zeiten, war noch keineswegs das Ende dieser Traumkarriere.

Ein Jahr darauf, 1989, wurde Nicole Uphoff, wieder mit Rembrandt, in Berlin zweifache Deutsche Meisterin und im luxemburgischen Mondorf Europameisterin! Um noch einmal den „St. Georg" (9/89) zu zitieren:

„Die 22jährige Nicole Uphoff wurde Anfang August im luxemburgischen Mondorf ihrer Favoritenrolle gerecht: Mit ihrem 12jährigen Wallach Rembrandt gewann sie erwartungsgemäß und überlegen die vierzehnte Europameisterschaft der Dressurreiter. Mit einem Vorsprung von 35 Punkten stand sie vor der Titelverteidigerin Margit Otto-Crépin mit Corlandus. Die beiden weiteren deutschen Teilnehmerinnen, nämlich Ann-Kathrin Linsenhoff auf Courage und Monica Theodorescu mit Ganimedes, erreichten die Plätze 3 und 4, und zwar vor dem Schweizer Otto Hofer.

Rembrandt ging im Grand Prix Special nicht ganz so überlegen wie im Grand Prix. Er hätte sich vor allem in den Verstärkungen mehr dehnen müssen. In den Lektionen hoher Versammlung brillierte er freilich durch seinen leichtfüßigen und sicheren Bewegungsablauf. Hätte Rembrandt sich nicht zweimal deutlich stören lassen, dann wäre sein Sieg noch klarer ausgefallen."

Ein Ritt wie im Bilderbuch – Rembrandt war bei der EM 1989 einfach unschlagbar.

Unangefochten führte sie die Weltrangliste der Dressurreiter an.

1990 wurde die Weltmeisterschaft ausgetragen, und es sah zuerst ganz danach aus, als ob Nicoles Glückssträhne kurz zuvor abgerissen wäre.

Als Nachwuchspferd hatte Nicole World Appeal von einem Vielseitigkeitsreiter gekauft. Er war sehr verschreckt und machte anfangs erhebliche Schwierigkeiten: „Ich wollte ganz normal aufsteigen, da haute er schon ab. Dann haben wir ihn zum Aufsitzen in die Ecke gestellt, einer hielt vorne, einer hinten, einer stand an der Seite. Wenn ich dann oben saß, zitterte der wie Espenlaub unter mir. Und wenn ich angeritten bin, durfte ich mich überhaupt nicht mehr bewegen, weil er jedesmal Panik bekam, wenn ich nur einmal die Nase hochgezogen habe. Ich hatte absolut Null Kontrolle über ihn. Aber es war nichts Böses, er hatte einfach Angst."

Kein Wunder also, daß dieses Pferd sich nach längerer Abwesenheit Nicoles wieder verspannt. „Er machte immer so einen Buckel zwischendurch. Oh, denke ich, hat ein bißchen Sattelzwang. Jedesmal stehengeblieben, gelobt. Phhh, ging die Luft wieder raus." Trotzdem erschreckt sich World Appeal im Viereck vor einem Karnickel, springt nach links weg, bekommt unbeabsichtigt die Sporen und buckelt: „Das war wie Rodeo."

Als Rodeo-Reiterin ist Nicole weniger erfolgreich: Armbruch – derselbe Arm, den sie sich als Kind gebrochen hat, als sie von Fjodor aufs Stoppelfeld katapultiert wurde. Und Stockholm, die Weltmeisterschaft vor der Tür! Erst als Equipechef Anton Fischer sagt, sie sei für die Weltmeisterschaft nominiert und bleibe es, läßt der erste Schock nach.

Turnierpferde müssen regelmäßig gearbeitet werden, erst recht wenn sie an Meisterschaften teilnehmen sollen. Also ritt Harry Boldt zweimal wöchentlich Rembrandt und Grand Gilbert, während sie ansonsten vom Bereiter nur ein bißchen bewegt wurden. Das Training für Nicole sah so aus: tägliche Fahrten nach Essen zur Gymnastik, Lymphdrainage, Arztbesuche, Manschette für den Arm. „Jedesmal, wenn ich beim Arzt war, hat er wieder auf den Kalender geschaut,

Beim Fahnentragen ist die Manschette am gebrochenen Arm noch eher nützlich.

wann ich fit sein muß, wie schnell das geht, wie der Arm aussieht."

„Hatte Rembrandt ein Einsehen bei der Weltmeisterschaft?"

„Rembrandt war da ganz toll. Ich konnte ja links keine Paraden geben. Das war alles wirklich fest wie Gips, nur daß man die Manschette aufklappen konnte. Ich mußte Paraden immer mit dem ganzen Arm geben, und das ist fürs Pferd ja nicht sehr angenehm. Ich war eben überhaupt insgesamt viel unbeweglicher. Aber da hat der Remmi so mitgemacht, das war Wahnsinn. Er hätte mich richtig veräppeln können mit dem Arm. Aber der wollte, das hat man wirklich gemerkt. Der hatte selber so viel Spaß dran. Er kam herein ins Stadion, da haben die Leute geklatscht. Und da wurde

Mit dem außergewöhnlichen Vorsprung von 244 Punkten gewinnt die bundesdeutsche Mannschaft zum dreizehnten Mal in Folge das Europachampionat, diesmal vor der UdSSR und der Schweiz.

Linke Seite: Trotz der Behinderung seiner Reiterin macht Rembrandt Borbet mit Feuereifer mit.

Rechts: Weltmeister Rembrandt Borbet – vor lauter Stolz kann er gar nicht mehr aufhören zu piaffieren.

der – djong! – einen Meter größer, und dann ging es los. Das war ein wahnsinniges Gefühl."

Ihre Eindrücke von der Tribüne gibt Gabriela Grillo, Mannschaftsolympiasiegerin 1976 und Hausherrin der Reitanlage, in der Nicole zu dieser Zeit ihre Pferde trainiert, im St. Georg folgendermaßen wieder:

> Rembrandt und Nicole Uphoff, die in Stockholm nach dem Olympiasieg von 1988 und der Europameisterschaft 1989 nun auch Weltmeister wurden, waren in Stockholm Extraklasse in beiden Prüfungen. Mit 76 Punkten Vorsprung gewann Nicole den Titel. Obwohl Rembrandt, wie schon vor dem Grand Prix, auf dem Abreiteplatz den wilden Mann markierte, tat er dann in der Prüfung doch, was er sollte. Schon der erste starke Trab war überragend, und in der Prüfung steigerte er sich weiter. Seine Piaffen könnten noch gesetzter sein, die Passagen wurden im Lauf der Aufgabe immer erhabener, und die Übergänge, leichtfüßig und gleichmäßig wie ein Metronom, sind schon etwas ganz Besonderes. Das fanden wohl auch die Richter, die ihn mit Weltrekord-Punkten bedachten – 1569 –, und das hochverdient.

1991 hat Nicole nicht verwöhnt. Die strahlende Siegerin mußte Niederlagen hinnehmen.

Ganz oben – und nun bergab?

Wenn man in so jungen Jahren solche Erfolge erreicht, wenn man schon mit vierundzwanzig Jahren alles an Medaillen und Titeln gewonnen hat, was möglich ist, hat man die Spitze erreicht. Weiter bergauf kann es gar nicht mehr gehen – also nur noch bergab?

„Wenn bei Nicole etwas danebengeht, dann zeigt sie es nicht", ist Klaus Balkenhols Eindruck. „Aber – ich sehe ihr das sofort an – dann ist sie down. Sie ist sehr tapfer, und sie ist sehr sportlich, sehr fair. Von daher glaube ich, daß Nicole auch weiß, daß es mal bergab geht."

Das Jahr 1991 hat Nicole nicht verwöhnt. Die strahlende Siegerin mußte Niederlagen hinnehmen, verlieren lernen. Hatte sie in Dortmund den Grand Prix gewonnen, war sie im Grand Prix Special nur Dritte. Und dann kam die Deutsche Meisterschaft, auf der sie nur Fünfte wurde.

„An dem fünften Platz – das muß ich sagen – hatte ich schon zu knacken. Im Endeffekt war meine Mutter in der großen Verwirrung die einzige, die zu mir gestanden hat und sagte: ‚Nächstes Mal machst du es besser.'"

Das ist die Kehrseite der Medaille. Wenn man es endlich erreicht hat, daß alle hinschauen, steht man eben auch dauernd im Kreuzfeuer. Hat man Erfolg, wird die Mißgunst noch größer, hat man keinen Erfolg, wird man mit Häme überschüttet und von den Medien unter Beschuß genommen. Auch das muß ein erfolgreicher Mensch erst verkraften lernen.

Ganz oben — und nun bergab?

„Die anderen sagten alle: ‚Jetzt ist alles vorbei und Schluß. Rembrandt ist zu alt.' Da dachte ich auch: Es hat keinen Sinn mehr, jetzt ist es aus. Da wollte ich eigentlich aufhören. Ich bin kaum noch geritten, habe nur ein bißchen bewegt. Aber eben nur, weil ich keine Unterstützung hatte."

Nicole sucht nach Gründen, warum die anderen sie nach diesem Mißerfolg nicht unterstützt haben, und findet sie. „Alle waren wohl so enttäuscht, daß sie mit sich selber zu tun hatten."

An Rembrandts Alter jedenfalls kann es nicht gelegen haben, findet ihre Mutter: „Der ist doch explodiert wie ein junges Pferd." Das sagt auch Nicole, die nie die Schuld beim Pferd, sondern höchstens bei sich selbst sucht: „Ja, eben, wie ein Dreijähriger. Der haute ab, buckelte, machte wirklich nur Blödsinn. Wenn ein Pferd zu alt ist, hat es dazu bestimmt keine Lust mehr."

Die Enttäuschung hielt nicht lange an, das Gefühl, allein dazustehen, weckte die trotzige Reaktion, die schon das Kind und das junge Mädchen beflügelte:

Rembrandt Borbet bei der Ehrenrunde in Donaueschingen 1991. Sieht so ein altes Pferd aus?

Jetzt erst recht! „Na ja, dann habe ich danach wieder voll auf Angriff geritten."

Prompt stellte der Erfolg sich ein. In der ersten Sichtung zur Europameisterschaft in Aachen gewann Nicole den Grand Prix und den Grand Prix Special. Bei der zweiten Sichtung in Spangenberg gewann sie den Grand Prix, wurde im Special mit einem Punkt Abstand Zweite hinter Gigolo unter Isabell Werth.

Ein Punkt Unterschied, und das in einer Disziplin, die nach so persönlichen Gesichtspunkten bewertet wird! Das Pikante an dem Duell Rembrandt Borbet — Gigolo — denn er und seine junge Reiterin Isabell Werth werden immer eindeutiger zu Nicoles gefährlichster Konkurrenz — ist, daß Gigolo zum Teil Dr. Schulten-Baumer gehört und Isabell von ihm trainiert und gemanagt wird wie vorher Nicole. Alles, was Nicole Uphoff unter seiner Ägide zugute kam, steht jetzt der Konkurrentin zur Verfügung.

Fühlt Nicole Konkurrenzneid, wenn sie eine Niederlage erlebt, so wie in Spangenberg?

Manöverkritik mit Anton Fischer. Was ist schiefgelaufen?

„Nein, eigentlich nicht. Solange der Bessere gewinnt, bin ich da völlig einverstanden, kenne auch keinen Neid. Da liegt es schließlich an mir selber, dann muß ich halt besser reiten. Damit habe ich keine Probleme."

Mit der Tatsache, daß Dressur einer eher subjektiven Wertung unterliegt, hat sie ebenfalls keine Probleme. Sie weiß, daß allzu große Punktunterschiede selten vorkommen, vertraut auf die in Deutschland üblichen Richterlehrgänge, die der oberste Richter, Herr Schütte, durchführt. In der subjektiven Wertung als solcher sieht sie die menschliche Komponente: „Wenn ich mich als Richter da hinstellen würde, wären sicher andere mit meiner Meinung auch nicht einverstanden."

Nach Spangenberg kam Rotterdam, eine Art Generalprobe für die Europameisterschaft. Nicole Uphoff gewann dort mit 80 Punkten vor Gigolo. „Da habe ich aber auch geritten, und der Remmi hat mitgemacht. Obwohl – das Viereck, das war so eng, normalerweise – früher – hätte ich ihn bei so etwas gar nicht durchbekommen. Aber der hat gekämpft, der Junge, genau wie ich."

Nur durch eins wird der Doppelsieg in Rotterdam gedämpft: Ihr Auto wird aufgebrochen. Frack, Zylinder, Plaketten, alles wird gestohlen, inklusive Hundefutter für Andy und Tina, ihre Jack-Russell-Terrier und ständigen Begleiter.

Doch der Erfolg hat sie damals zu sicher gemacht, gibt sie heute kritisch zu. „Hätte ich nicht gewonnen, hätte ich garantiert auf der Euro anders geritten. Ich war mir meiner Sache schon wieder so sicher."

So wird sie bei der Europameisterschaft 1991 in Donaueschingen in der Einzelwertung Zweite hinter Isabell Werth auf Gigolo. Wieder raunt es in den Medien von Wachablösung, obwohl Rembrandt Borbet, wie er inzwischen offiziell heißt, alles andere als alt und abgetakelt erscheint. Sein alter Fehler, die Guckigkeit, mag ihm – und Nicole – wieder einen Streich gespielt haben.

1991 – das Jahr mit Höhen und Tiefen – schließt aber noch einmal mit einem großartigen Erfolg ab: Beim internationalen Turnier in der Schleyerhalle in Stuttgart gewinnt sie haushoch Grand Prix und Special, den Grand Prix mit einer Traumnote, die vor ihr überhaupt noch nie jemand erreichte.

Da stimmte einfach alles. „Ich fühle mich eben in Stuttgart wahnsinnig wohl. Das Hallenturnier ist das schönste von der Organisation, von der Stimmung her. Da habe ich mir das erstemal in meinem Leben bei Rembrandt ein bißchen schärfere Sporen angezogen, ein bißchen länger. Normalerweise habe ich die Wade flach anliegen, und nur wenn ich die Sporen brauche, bin ich am Pferd, sonst nicht. Dadurch ist er sehr feinfühlig am Schenkel oder am Sporn. Er kann auch alle Lektionen ohne Sporen, aber wenn ich sie dann einmal gebrauche, dann merkt er sie natürlich extrem."

Vielleicht war es aber auch, zum Teil wenigstens, einfach das große Glücksgefühl, denn Nicole hat hier in Stuttgart den „Mann fürs Leben" gefunden. Aber darauf kommen wir noch.

75
Ganz oben – und nun bergab?

Nicole kann schon wieder lachen: Die Mannschafts-Europameister – Isabell Werth, Nicole, Sven Rothenberger, Klaus Balkenhol – mit TV-Moderator Armin Basche.

Bei manchen Turnieren stimmt einfach alles: Schon 1989 gewann Nicole in Stuttgart das German Masters.

Endlich selbständig

Vom Juni 1989 bis zum November 1991 standen Nicoles Pferde in der privaten Reitanlage der Familie Grillo in Mülheim an der Ruhr. „Wir wollten halt den Remmi – Rembrandt Borbet – nicht in einen Reitstall stellen, wo jeder dran kann."

Wie Nicole ist Gabriela Grillo Goldmedaillengewinnerin: Mit Harry Boldt und Reiner Klimke gewann sie 1976 die Mannschaftsdressurprüfung. Die Reitanlage liegt auf einem herrlichen, großzügigen Gelände mit Wald, ideal zum Ausreiten. Ein- bis zweimal in der Woche kommt Harry Boldt vorbei und gibt Nicole Unterricht.

„Der Sommer war immer traumhaft da." Im Winter dagegen sind die Bedingungen bei Grillos für Nicole und ihre Pferde nicht so ideal: Sie kann nicht in Ruhe trainieren, weil andere, junge Pferde zur selben Zeit longiert werden. Es gibt auch keinen Raum zum Aufwärmen. Als der Winter 91/92 vor der Tür steht, der Auftakt zu einem neuen Olympiajahr, zieht sie die Konsequenzen.

Nicole geht mit ihren Pferden zu Michaelis in Düsseldorf-Kalkum, eine Lösung, die nicht von Dauer sein kann. Zum einen wird das versprochene Außenviereck nicht gebaut. Außerdem liegt die Reitanlage mitten im Dorf, so daß jeder Ausritt erst über Straßen ins Gelände führt. Für Nicole, die ihren Pferden optimale Bedingungen bieten will, ein unbefriedigender Zustand. Das Schlimmste aber ist, daß die Tiere nicht nach draußen können. „Die Pferde sehen ja nichts. Bei Remmi hat man das so gemerkt. Er hatte teilweise wirklich die Nase voll."

Sechs eigene Pferde und zwei fremde sind dort eingestallt. Außerdem hat sie noch eine Stute, die im März 92 fohlen soll, Askan auf der Weide bei ihrer Freundin Marion Heitzer, und Waldfee, die im März 92 in den Stall zurückgekehrt ist.

Ja, Waldfee, mittlerweile neunzehn Jahre alt, steht wieder bei ihr im Stall. Die Geschichte ist leider keine Ausnahme, nur daß die meisten nicht so glücklich ausgehen wie diese.

Nicole erzählt: „Ach, das war noch ganz schlimm. Nachdem ich Askan hatte, wurde ich für Waldfee zu

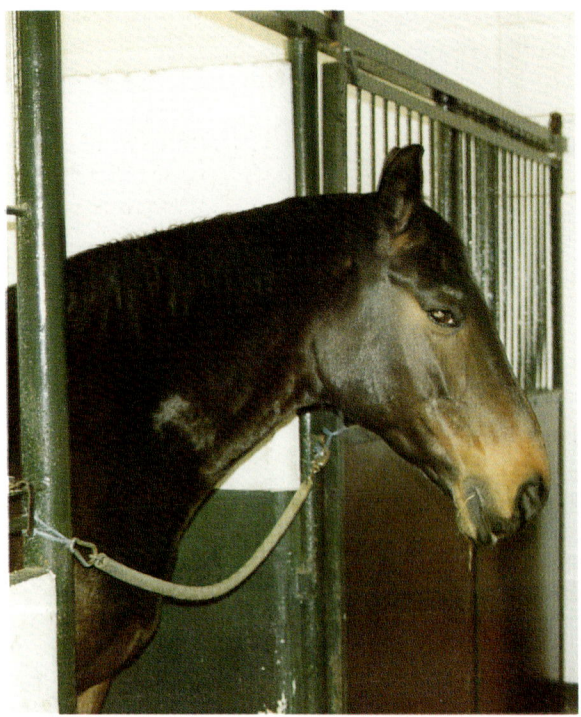

Die neunzehnjährige Waldfee nimmt in Nicoles Stall eine Sonderstellung ein.

Waldfee kommt zurück

Nicole füttert fast immer selbst, mit Fingerspitzengefühl und ganz individuell.

stark. Ich hab' zuviel von ihr verlangt, was sie eigentlich gar nicht konnte. Und dann haben wir gesagt: Das bringt dem Pferd nichts."

Waldfees weiteres Schicksal lag Uphoffs dennoch am Herzen. Sie bemühten sich, ihr einen Weg zu ersparen, den nur zu viele Pferde gehen müssen.

Zunächst wurde die Stute zwei Mädchen im Stall zur Verfügung gestellt, keine sehr glückliche Lösung, wie sich bald herausstellte. Waldfee wurde nur auf Schlaufzügel geritten, immer getriezt. Die nächste Station war für vier Jahre Eversall, aber auch da konnte Waldfee auf Dauer nicht bleiben.

Dann kamen Uphoffs auf die Idee, daß man mit Waldfee züchten könnte. Sie brachten sie zu einem Züchter, gaben ihm auch die Papiere. Wenn sie nachfragten, hörten sie immer nur: „Nein, nix passiert. — Wird nicht rossig. — Immer noch nicht rossig." Als sie wieder einmal nachfragten, stand Waldfee inzwischen bei einem Tierarzt, angeblich zur Kontrolle.

Das nächste Mal hörten sie von dem Pferd, als ein Bekannter aus Wesel anrief: „Hör mal, die Waldfee steht hier."

„Wie — die Waldfee steht da? Die steht doch beim Züchter zum Decken."

„Ich bin doch nicht blöd, die steht hier."

Im Besitz der Papiere, hatte der Züchter Tierarztkosten mit der Stute bezahlt. Der Tierarzt wiederum hatte das Pferd einer Helferin billig abgegeben. „Da hatte sie es eigentlich sehr gut. Sie stand in einem Pri-

vatstall. Direkt am Haus hatten die Leute einen kleinen Stall mit zwei Boxen, so mit offenen Türen. Dort stand sie mit einem zwanzigjährigen Pony, wurde zwischendurch von dem Mädchen geritten."

Als Waldfee achtzehn Jahre alt war, rief das Mädchen an, sie wolle die Stute verkaufen. „Ich sagte: Was? Achtzehnjährig? Jetzt verkaufen? Das ist eine Unverschämtheit! — Also nein, so was kann ich nicht verstehen. Und ich habe ihr echt eine Moralpredigt gehalten."

Es endete damit, daß Uphoffs die Stute zurücknahmen und sie zu Willi Korioth, ihrem ersten Reitlehrer, stellten. „Sie kam mit ganz dickem Husten da an. Er hat sie wieder kuriert."

Die Stute war wieder topfit, wurde alle zwei Tage geritten. Willi Korioth hatte drei, vier eigene Pferde in seinem Stall stehen. Er konnte zwar kaum noch reiten, gab aber noch Unterricht, und die Mädchen, die bei ihm das Reiten lernten und das Reiterabzeichen machten, waren „alle ganz happy mit Waldfee".

Nach Willi Korioths Tod im März 1992 kommt Waldfee wieder nach Hause, zu Nicole in den Stall. Weise und abgeklärt, wie sie mittlerweile ist, nimmt sie im Stall eine Sonderstellung ein. Ihre Boxentür steht tagsüber immer offen, ist nur mit einem Seil gesichert, und wenn Nicole mit dem Futterwagen kommt, ist sie die einzige, die sich frei bedienen darf.

Ja, seit eineinhalb Jahren füttert Nicole immer selbst. Sie bestimmt, wer von was wieviel bekommt.

"Und wenn ich einmal nicht da bin, schreibe ich genau auf, wann was zu füttern ist. Denn wenn man die Pferde selber reitet, weiß man, wieviel oder wie wenig man getan hat. Dementsprechend füttere ich dann auch. Ich muß sagen, das klappt wirklich hervorragend. Früher waren die Pferde zu dünn oder zu dick.

Nicole schiebt den grünen Futterwagen von Box zu Box. Ob Day Dream, World Appeal, Sir Lenox, Grand Gilbert oder Rembrandt Borbet, jedes Pferd bekommt sein bestimmtes Maß an Kraftfutter, Mineralstoffen und Möhren, das sie ihnen in den Trog schüttet. "Und von meinen Schülern weiß ich auch, was sie mit den Pferden getan haben, weil ich ja immer dabei bin. Das Füttern, das klappt recht gut, mit Vitaminchen und so."

Hier in der Reitanlage Michaelis sind die Tröge teils so angebracht, daß sie von außen gefüllt werden können — auf den ersten Blick eine praktische Einrichtung. Doch Nicole schüttelt den Kopf. "Ich finde es besser, wenn man in die Box hineingehen muß. Dann kann man gleich einen Blick auf das Tier werfen, ob alles in Ordnung ist. Sie können sich ja schon mal eine Bandage abgerissen haben."

Anschließend wird das Pferdefrühstück für den nächsten Morgen Eimer für Eimer, alle mit Namen versehen, von Nicole abgefüllt; die Pfleger brauchen es nur noch zu verteilen. Dann schiebt Nicole den Futterwagen zurück in den engen Abstellraum und ruft einem Pfleger zu. "Bis morgen, ich komme zum Frühstück."

Daß sie mit dem Stallpersonal gemeinsam frühstückt, kommt öfter vor. Nicole begründet es damit, daß sie nicht gern allein ißt.

Die Natürlichkeit der Pferde erhalten

Mit Freundschaften ist Nicole nicht verwöhnt. Zu viele drängen sich in ihre Nähe, die nur den Ruhm mitgenießen wollen, sich im Abglanz der Berühmtheit sonnen.

Anders ist es mit dem Ehepaar Heitzer. Mit Marion und Richard verbindet sie eine der seltenen Beziehungen, die nicht ab- und aufrechnet: Das habe ich für dich getan; jetzt mußt du auch etwas für mich tun.

Die Heitzers betreiben eine Hobbyzucht und haben Grand Gilbert gezüchtet, den Nicole schon zu manchen Siegen im Grand Prix geritten hat. Außerdem fungiert Richard Heitzer als Hufschmied, und Marion hat vor einem Jahr World Appeal gekauft, das Ex-Vielseitigkeitspferd, mit dem Nicole sich vor der Weltmeisterschaft den Arm brach. Askan wiederum, Nico-

Einer von zwei Schleifenschränken im Stall — die Goldmedaillen und Urkunden werden natürlich zu Hause aufbewahrt.

Wer hier nach Streicheleinheiten und Leckerli Ausschau hält, ist Superstar Rembrandt Borbet persönlich.

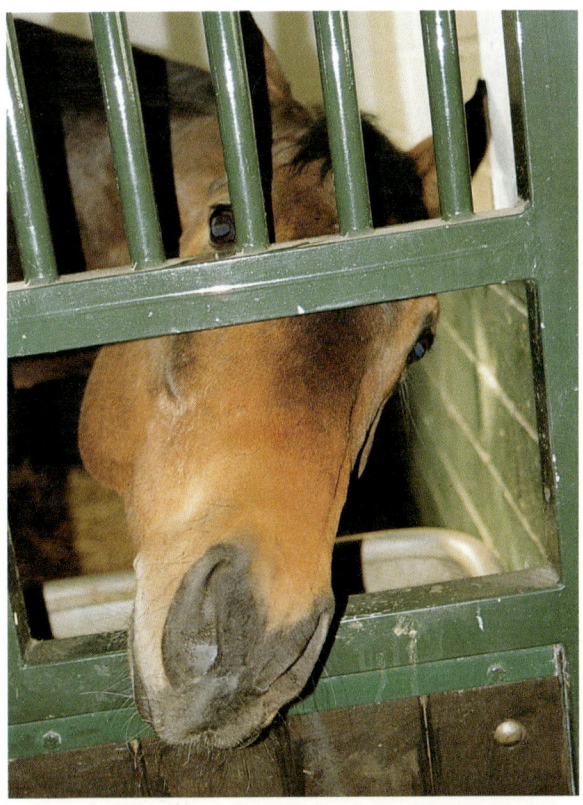

les erstes S-Pferd, verbringt seinen Lebensabend bei Heitzers auf der Weide. Dort steht auch die Stute, die demnächst abfohlen soll.

Wie eng und unkompliziert diese Freundschaft ist, zeigt sich — einmal mehr —, als Marion mit ihrem Mann wegfahren und auch über Nacht bleiben möchte. Sofort sagt Nicole: „Wißt ihr was? Fahrt ihr, ich bleibe bei euch zu Hause, passe auf die Kinder auf."

Gar keine leichte Sache, denn bei Heitzers zu Hause gibt es nicht nur zwei Kinder im Alter von fünf und sechs Jahren, sondern auch zehn Pferde, einen

Unten links: Aus dem zappeligen World Appeal ist unter seiner neuen Besitzerin Marion Heitzer und der Anleitung von Nicole ein gutes Dressurpferd geworden.

Unten rechts: Trainerin Nicole kümmert sich auch um die korrekte Lage der Kinnkette.

Endlich selbständig

Beim CHIO Aachen 1991 galoppierte Gran Gilbert bei der Ehrenrunde an der Spitze.

„Sie hat teilweise in einer Woche einmal jeden Tag sieben Pferde geritten, eine Frau, die Haushalt hat, ihre Pferde zu Hause und zwei Kinder. Das war Wahnsinn. Das ist aber wirklich eine tolle Freundschaft."

„Grand Gilbert war eigentlich unser erstes Zuchtprodukt", erzählt Marion Heitzer, nach den Anfängen dieser Freundschaft befragt. Mit ihrer eigenen Stute und zwei wertvollen Zuchtstuten vom Schwiegervater haben die Heitzers ihre eigene Zucht begründet. Trotzdem verlieren sie das Pferd nach dem Verkauf aus den Augen, bis Marion Heitzer eines Tages in der „Reiter Revue" einen Artikel über Nicole Uphoff und ein neues Pferd liest. „Da habe ich gedacht: Von der Beschreibung her könnte das unserer sein."

Erst als Nicoles Vater sich bei ihr meldet, weil ihr Name in Grand Gilberts Papieren steht, erhält sie Gewißheit. Von da an ruft Jürgen Uphoff von Zeit zu Zeit an, lädt Marion und Richard Heitzer 1988 zu Grand Gilberts erstem Turnier, dem Hallenturnier in Aachen, ein. „Er hat unheimlich gewiehert. Für mich war das faszinierend. Das Pferd war einerseits total unfertig und ging so natürlich wie ein rohes Pferd, und trotzdem hat Nicole diese ganzen Lektionen mit ihm geritten. Das sah alles so spielend aus. Das war für mich völlig unfaßbar."

Sehr beeindruckt von dieser Vorstellung fragt Marion Heitzer zum erstenmal, ob Nicole ihr Wissen weitergeben würde. Vater Uphoff sagt zwar immer: „Ja, ja", aber sie hat das Gefühl, daß das bei Nicole nie ankommt.

Marion hatte bis Klasse L geritten, Vielseitigkeit und Dressur, war auch mit einem durchschnittlich begabten Pferd recht erfolgreich gewesen. „Dann habe ich in der Zeit, als ich schwanger war, hier und da mal ein bißchen hineingeschnuppert bei Reitern, die in meinen Augen einen Namen hatten, weit über das hinaus, was ich reiten konnte. Aber es gefiel mir nicht, was ich gesehen habe, die Art eben, wie die den Pferden die Lektionen beibringen – ein reines Kräftemessen. Mir war von Anfang an klar, das schaffe ich sowieso nicht oder eben nur, wenn so einer hingeht und für mich ein Pferd bereitet."

Und bei Nicole sieht das ganz anders aus. „Nicole schafft es eben, die Natürlichkeit der Pferde zu erhalten, nicht nur in der Prüfung fein zu reiten, sondern wirklich tagaus, tagein im Training. Sie setzt sich auch mal durch, aber es ist keine unendliche Prügelei. Und sie schafft eben, das Allerhöchste von dem Pferd zu verlangen, ohne dabei ungerecht zu werden. Sie

Hund und zwei Katzen. „Man hat also gut zu tun." Umgekehrt springt Marion Heitzer ein, wenn Nicole zum Turnier muß oder einmal Urlaub machen möchte, was aus Zeitmangel selten genug vorkommt. Wer Pferde im Stall stehen hat, ist nicht mehr frei, kann nicht einfach wegfahren, ohne die Tiere in der Zwischenzeit versorgt zu wissen.

In solch einem Fall sagt Marion Heitzer: „Fahr! Ich kümmere mich um deine Pferde."

Die Natürlichkeit der Pferde erhalten

schafft das eben. Es dauert oft länger, und man sieht manchmal gar keine Fortschritte. Es kommt vor, daß man auch mal denkt, es geht überhaupt nicht weiter. Und auf einmal klappt es dann. Da gehört schon sehr viel Einfühlungsvermögen dazu. Sie ist sehr hartnäckig; sie läßt dann einfach nur nicht locker. Ohne hart zu werden, reitet sie einfach jeden Tag wieder aufs Neue, bis das Pferd das eben doch kapiert hat. Das finde ich schon einmalig. Das ist mir auch nirgends mehr begegnet, eben diese Natürlichkeit. Das war immer so mein Traumbild."

Marion Heitzer blieb gleichfalls hartnäckig. Da sie inzwischen ein junges Pferd hatte, lud sie schließlich Familie Uphoff ein, sich dieses anzuschauen.

„Ich war mit den Nerven total am Ende, daß ein Olympiasieger mein Pferd anschauen sollte und mich womöglich auch. Ich hatte wirklich sooo eine Liste Fragen, was alles nicht klappt. Das waren bestimmt zehn Punkte, die bei meinem Pferd absolut nicht funktionierten."

Nicole sieht sich die Stute Erle an, findet das Pferd in Ordnung.

„Trab doch mal an!" sagt sie.

Dann beantwortet sie nicht etwa die ganze Litanei von Fragen, sondern gibt nur einen sehr spezifischen Tip: „Versuch doch mal, beide Zügel gleichmäßig anstehen zu lassen, ohne daß du in einer Hand mehr Gewicht hast als in der anderen. Und dann versuche mal, ohne innen zu ziehen, das Pferd nach innen zu stellen, dabei aber gleichzeitig beide Zügel dranzuhaben."

Marion Heitzer kommentiert das heute: „Ich kam mir wie ein Anfänger vor. Dann haben wir es mehrfach versucht, so zehn Anläufe, noch mal und noch mal. Immer ganz ruhig, völlig ungewohnt eigentlich. Und dann hat sie gesagt: ‚Hast du sonst noch Fragen?' Da ist mir gar nichts mehr eingefallen. Das hörte sich so einfach an, was sie gesagt hat. Und das ist eigentlich das Prinzip ihrer Reiterei."

Dieses Gleichmaß der Zügel ist die Vorbedingung dazu, daß das Pferd allmählich lernt, unabhängig von

Wenn beide Zügel immer gleichmäßig anstehen, gelingen auch solche perfekten Trabtraversalen oder Pirouetten im Galopp (1991).

der Hand sich selbst zu tragen. Wie man das Pferd dahin bringt, finden, wenn man Marion Heitzer glauben darf, nur die wenigsten heraus.

„Mein Pferd war wirklich ziemlich verdorben zu dem Zeitpunkt, ziemlich abgestumpft. Ich habe das dann zu Hause ausprobiert. Ich hatte zwei Wochen Zeit, das zusammenzutüfteln. Ich habe mich wirklich aufs Pferd, aufs Pferdemaul konzentriert, ohne das Pferd ständig zu stören. Habe versucht, unabhängig zu sitzen, und mir immer wieder vor Augen gehalten, was Nicole gesagt hat. Das war auch für Erle so ein Schlüsselerlebnis. Es hat wirklich klick gemacht. Ich habe gemerkt, mein Pferd war unheimlich zufrieden, hat sich teilweise Dinge herausgenommen, die es sich früher gar nicht getraut hätte, hat da rumgebockt."

Nicole war so begeistert, wie anders das Pferd nach diesen zwei Wochen ging — obwohl das noch, wie Marion Heitzer einschränkt,

Grand Gilbert, gezogen von dem befreundeten Ehepaar Heitzer, hat ebenfalls schon einige Grand-Prix-Siege auf seinem Konto.

ganz unvollständig war —, daß sie sagte: „Gut, wenn du willst, kannst du zu uns kommen mit deinem Pferd."

„Und es muß nicht sofort klappen. Das war auch so ein Punkt. Nicole hat einem immer dieses Gefühl gegeben, auch wenn man eine ganze Stunde geübt hatte, nur Feinheiten, nur Kleinigkeiten — wenn ich zum Beispiel das Pferd in die Richtung stelle, in die ich reiten will: daß ich dann nicht an dem Zügel ziehe, sprich, daß ich dann nicht in der Hand mehr Gewicht habe, sondern eben die Zügel beidseitig gleichmäßig anstehen lasse. Das sind jeden Tag nur ganz feine Veränderungen, an denen man ablesen kann: Es geht immer ein Stückchen weiter. Man will dann nicht wer weiß was für einen Erfolg sehen, sondern lernt, sich mit Kleinigkeiten zufrieden zu geben."

Spezifisch weiblich?

Natürlichkeit, Geduld, Einfühlungsvermögen — ist das eine spezifisch weibliche Art, an die Sache heranzugehen?

„In gewisser Weise vielleicht", sagt Marion Heitzer. „Ich weiß nicht, ob Männer immer so die Geduld haben für diese totalen Feinheiten.

Harry Boldt hebt hervor: „Wir sind ja jetzt bald vier, fünf Jahre zusammen — Nicole ist ihrer Linie treu geblieben. Das tun nicht viele. Die meisten wechseln ihr Trainingsprogramm und haben plötzlich andere Erkenntnisse, aber sie — auch wenn es mal ein bißchen länger dauert mit den Pferden —, macht doch immer ihr Schema weiter."

Was Marion Heitzer als grundlegend für Nicoles Erfolge erkannt hat, bestätigt er: „Ja, sich Zeit lassen mit der Ausbildung, nichts forcieren. Ein Beispiel ist jetzt ihr Zweitpferd Grand Gilbert. Der ist auch, glaube ich, fast zehn, und er kommt dieses Jahr erst richtig zum Grand Prix, wo andere schon mit sieben oder acht laufen müssen. Da läßt sie sich eben Zeit. Sie sagt: Nein, diese Lektion und diese Lektion, die ist noch nicht so richtig. Und wenn sie das Gefühl hat, noch keine gute Punktzahl erreichen zu können, dann startet sie lieber gar nicht, und das ist eben auch das Plus. Lieber weniger starten, aber immer nur gute Leistungen zeigen."

Was Nicole vor anderen auszeichnet, sie von anderen abhebt, ist die Tatsache, daß sie relativ früh begann, selbst Pferde auszubilden. Auch dabei entwickelte sie ihren eigenen Stil.

Ihr Geheimnis? „Das ist ganz einfach" (sagt sie!): „Ich lasse manchmal eigentlich viel zuviel durchgehen. Ich merke das jetzt wieder bei den jungen Pferden, die nehmen sich dann so viel heraus und werden richtig frech, weil sie denken: ‚Ha, die tut mir ja sowieso nichts; ist ja alles prima, kann ich immer ein Stückchen weiter probieren, wie weit ich gehen kann.' Und ich — ich weiß nicht, ob Sie sich das vorstellen können — reite meine Pferde erst einmal schön in die Tiefe, ganz locker. Bevor sie nicht locker sind, vor allem im Rücken locker, mache ich gar keine Lektion. Ich kann meine Pferde teilweise gar nicht mehr sitzen, so locker sind sie. Der Rücken, der schwingt dermaßen, das ist manchmal Wahnsinn. Denn ich habe festgestellt: Wenn die Pferde einmal richtig überall locker sind, dann fallen die Lektionen ihnen oder auch mir unheimlich leicht. Der Anfang dauert manchmal sehr lange bei mir, wenn ich ein Pferd neu bekomme. Dann denken die Leute, ach, das schafft sie nie. Dann ist erst einmal ein Rückschritt da, bis die Pferde das kapiert haben und sich so gelassen hergeben. Ich sage immer: Sie müssen im Trab so richtig pendeln, ganz locker, lässig, einfach so daherlaufen.

Nur — wenn ich das einmal geschafft habe und dann mit der Arbeit anfange, dann geht das im End-

Bevor Sie an Versammlung und Lektionen denkt, reitet Nicole ihre Pferde in die Tiefe, wie hier auf dem Abreiteplatz in Donaueschingen.

fekt ruck-zuck bei mir oder auch bei den Pferden, weil das denen dann halt leicht fällt, endlich mal was anderes und ein bißchen Arbeit. Die haben dann richtig Spaß am Arbeiten.

Ich versuche selten, einmal ein bißchen durchzugreifen, aber manchmal muß das wirklich sein. Sie werden manchmal so frech, nehmen sich dann wirklich ganz schöne Dinger heraus. Aber es kommt bei mir

Wenn die Pferde erst einmal locker über den Rücken gehen, macht ihnen die Arbeit Spaß, und sie sind mit Feuereifer dabei (Rembrandt 1989).

sehr selten vor, und dann habe ich schon wieder ein schlechtes Gewissen: O Gott, hättest du das mal lieber nicht gemacht. Aber manchmal – das ist genau wie bei einem Kind – muß man auch einmal ein bißchen durchgreifen."

Dazu Harry Boldt: „Vor allen Dingen kann sie sehr gut mit jungen Pferden umgehen, und sie bildet ja auch junge Pferde schon ziemlich allein aus. Wenn man da ab und zu kontrolliert, guckt und Ratschläge gibt, dann macht sie das ganz alleine. Das ist toll."

Und wieder Nicole: „Ich habe eigentlich eine relativ humane Art zu reiten. Ich mache mir auch sehr, sehr viele Gedanken beim Reiten. Das ist letztlich auch das, was mir Spaß macht. Ich gehe nicht einfach hin: So, heute wird das geübt, morgen wird das geübt. Ich mache mir schon Gedanken, was ich gern üben möchte, aber wenn ich merke, der ist nicht bei der Sache oder der ist links fest, rechts fest, dann mache ich es eben einen Tag später. Das macht auch nichts. Ich lasse mich da nicht von außen oder von irgend jemandem unter Druck setzen."

„Machen das alle Dressurreiter so?"

„Nein, eigentlich keiner. Nur meine beiden Schülerinnen."

„Hat das etwas damit zu tun, daß Sie eine Frau sind?"

„Ich glaube auf jeden Fall, daß Frauen anders reiten als Männer. Was ich festgestellt habe: Frauen lassen schon einmal eher etwas durchgehen, und bei Männern, da heißt es: Nein, jetzt muß das sein, und fertig. Wir Frauen sind ein bißchen kompromißfähiger. Natürlich gibt es auch Ausnahmen."

Bringt diese Kompromißfähigkeit den Frauen etwas ein? Daß sich immer mehr Frauen an die Spitze der Dressurreiterei geritten haben, läßt es vermuten. Doch Nicole Uphoff sieht vor allem die Vorteile, die die Pferde davon haben. „Es sind einfach Unterschiede zu sehen. Wenn ich meine Pferde mit den anderen vergleiche, die mit uns zusammen im Stall stehen – was meine manchmal für einen Blödsinn machen! Sie buckeln und erschrecken sich. Ich lasse sie dann auch einfach mal Pferd sein. Und manche Pferde dürfen das halt nicht. Das merkt man denen sofort an. Wenn meine dann arbeiten müssen – dann arbeiten sie auch richtig mit. Die anderen Pferde, die haben dann schon keinen Bock mehr, weil sie das jeden Tag müssen. So läuft das."

Zeit lassen soll man Nicoles Meinung nach nicht nur den Pferden, sondern auch sich selbst als Reiter. Das gibt sie deutlich auch den kleineren und größeren Reiterfans zu verstehen, die sie in ihren Briefen fragen: „Wie werde ich Olympiasiegerin?"

„Denen schreibe ich, daß sie erst einmal in Ruhe reiten, mit dem Reiten anfangen sollen. Und dann peu à peu, ohne daran zu denken, wie man zur WM oder nach Olympia kommt, weitermachen sollen. Entweder es klappt, oder es klappt nicht. Man kann das mit den Pferden bestimmt nicht erzwingen."

Pferdefreundlich nennt man das. Bei allem, was Nicole Uphoff tut, bringt sie das mit, was schon ihr erster Reitlehrer, Willi Korioth, als wesentlich für den Reitsport nennt: die Liebe zum Tier.

Harry Boldt bestätigt: „Ja, sehr pferdefreundlich. Sie gönnt ihren Pferden auch so ein bißchen Freiheit. Sie versucht immer, daß die Pferde auch mal in Paddocks kommen können tagsüber, und vor allen Dingen achtet sie darauf, daß da, wo sie ihre Pferde hat, auch Ausreitmöglichkeiten sind. Und daran scheitert das jetzt auch bei Michaelis."

Ausgerechnet ein Springreiter!

Füllen die Pferde jeden Raum in ihrem Leben aus? Wir haben von Freundinnen gehört, von Diskofieber – wie steht es mit den Jungen?

„Beliebt bei den Jungen" sei Nicole in der Grundschule gewesen, sagt die Grundschullehrerin, Frau Klein.

Nicole selbst erinnert sich, sie habe für die beiden Jungen geschwärmt, die sich, im Foto auf S. 22 festgehalten, bei der Wanderung zum Edersee gegenseitig Huckepack trugen.

Mit siebzehn Jahren hatte sie ihren ersten „festen Freund", mit dem sie ein Jahr zusammen war: Guido, dunkelhaarig, ein klein wenig größer als sie selbst, recht gut aussehend. Selbstverständlich hatte er etwas mit Pferden zu tun, ritt im selben Stall.

Mit Pferden haben Jungen und Männer, die Nicole interessieren, eigentlich immer zu tun, ob Guido oder Dirk, mit dem die Freundschaft nach Seoul auseinandergeht. Selbst Peter Hofmann, der bekannte Opernsänger, hat eigene Pferde, auch wenn er persönlich mehr für das Westernreiten ist als für klassische Dressur.

Besonders die Romanze mit dem berühmten Sänger erregt die Aufmerksamkeit der Medien, ist gut für seitenlange Artikel und Spekulationen. Als Geburtstagsgeschenk wird 1990 für Nicole ein Telefongespräch mit Peter Hofmann arrangiert. So zu sehen in dem WDR-Film „Zu Gast bei Nicole Uphoff und Rembrandt".

Eine Freundschaft unter den Augen der Öffentlichkeit, besonders der Sensationspresse, kann nicht gutgehen und hat kaum eine Chance. Wird sie freundschaftlich, wie in diesem Fall von Nicole, beendet – aus was für persönlichen Gründen immer –, wird auch dies von der sensationsgierigen Regenbogenpresse verzerrt und aufgebauscht. Resigniert stellt Nicole Uphoff fest: „Wenn man eine Richtigstellung macht, dann wird nur noch mal darüber geschrieben."

„Ich habe schon ein paar Freunde gehabt, aber ich bin noch nie auf die Idee gekommen, einen von ihnen zu heiraten. Irgendwie merkt man das schon von Anfang an, ob das jetzt übereinstimmt oder nicht."

Eben. Aber am 20.1.1992 ist es in der WAZ und anderen Zeitungen zu lesen: Auf einer Pressekonferenz in Münster haben die Dressurreiterin Nicole Uphoff und der Springreiter Otto Becker bekanntgegeben, daß sie noch im selben Jahr heiraten werden.

Ein Springreiter, ausgerechnet!

Erstaunlich eigentlich, daß Nicole Uphoff und Otto Becker sich überhaupt kennengelernt haben. Die Voraussetzungen waren alles andere als günstig.

Springreiter Otto Becker – Hochzeit im Herbst.

Zum einen ist da der Hang zur Zurückgezogenheit, der Nicoles Nervenstärke ausmacht. „Ich bin so ein Typ, ich brauche auf Turnieren meine Ruhe. Bin ich fertig mit Reiten, habe mein Pferd versorgt, fahre ich zum Hotel und lege mich aufs Ohr. Immer ausruhen, immer relaxen, an etwas anderes denken und nicht an Turnier und Pferde."

Zum anderen spricht schon der Zeitplan auf Turnieren dagegen. Dressurreiter und Springreiter begegnen sich höchstens einmal beim Abreiten, weder beim Training noch beim Turnier. „Springreiter kannte ich nie. Die reiten immer abends, wir immer morgens. Nie etwas davon mitgekriegt. Okay, morgens, auf dem Abreiteplatz manchmal, Guten Tag und so."

Irgendwie und irgendwann müssen sich die beiden doch begegnet sein und etwas genauer hingeschaut haben. Morgens in der Abreitehalle in Aachen, im Juni 1991, spricht er sie plötzlich an.

Das ist der CHIO, bei dem Nicole auf Rembrandt Borbet souverän den Grand Prix mit 1715 Punkten vor ihrem ehemaligen Trainer Klaus Balkenhol auf Goldstern gewinnt, und außerdem — trotz einiger Zikken, die Rembrandt Borbet in alter Manier macht — den Grand Prix Special vor Monica Theodorescu und Isabell Werth auf Gigolo, die sie und Rembrandt Borbet Anfang desselben Jahres zweimal hatte schlagen können.

Es muß mehr gewesen sein als ein „Guten Morgen". Als Otto Becker danach immer wieder bei Nicole am Stall vorbeigeritten kommt, denkt sie wohl noch anfangs: ‚Was? Der schon wieder?', aber dann spielen auch Gefühle mit. „...mich immer tierisch gefreut", gesteht sie.

Den Juni in Aachen gibt auch Otto Becker als den Zeitpunkt des Kennenlernens an. Dann — so sagt er — sah er sie zwei Stunden in Düsseldorf, und in Stuttgart wieder.

„Im Endeffekt richtig gefunkt hat es dann erst in Stuttgart im Oktober", sagt Nicole.

Aber Liebe auf den ersten Blick ist es anfangs wohl nicht gewesen. „Der Anfang war eigentlich sehr langsam; man war öfter miteinander essen, er hat erzählt, ich habe erzählt. Da konnte jeder herausfinden, was der andere für Vorstellungen hat."

Eine ganz normale Liebesgeschichte also. Man merkt, ob man zueinander paßt oder nicht, man findet heraus, ob die Basis breit genug ist, um das Leben miteinander zu wagen.

Im Gegensatz zu Otto Becker könnte sich Nicole durchaus Schwierigkeiten vorstellen, wenn sie beide in derselben Disziplin tätig wären. Einen Dressurreiter zum Mann? Besser nicht, findet Nicole. Ihre persönliche Art zu reiten, Pferde für die Dressur auszubilden und zu trainieren, könnte auf Unverständnis stoßen und zu Auseinandersetzungen führen. „Ich habe absolut meine Eigenart, was Dressurreiterei angeht, und ich habe noch nie jemanden kennengelernt, der die gleiche Art hat. Wenn ich einen Freund aus der Dressurreiterei hätte, hätte ich mich mit dem nur dauernd in der Wolle."

Sie Wassermann, er Schütze, das harmoniert nicht schlecht! Otto Becker, geboren am 3.12.59, demnach 33 Jahre alt, steht der Biografin nicht ganz freiwillig, nur auf Nicoles Bitten hin, für ein paar Fragen zur Verfügung.

„Jain", antwortet der Springreiter, der bei Paul Schockemöhle arbeitet, auf die Frage, ob er es lieber gesehen hätte, wenn Nicole ihrerseits Springreiterin gewesen wäre. „Es wäre einfacher, wenn sie Springreiterin wäre."

Er begründet das damit, daß es für ein reitendes Ehepaar einfacher beim Training sei. Springen neben Dressur in einer Halle läßt sich schwerer miteinander vereinbaren.

Trotzdem — die Basis, auf der sich die beiden treffen, ist die Liebe zu Pferden, der Wunsch, sich eines Tages mit Pferden selbständig zu machen. Kein Wunder also, wenn Otto Becker sagt: „Das Problem wäre größer, wenn sie gar nichts mit Dressur und Springen zu tun hätte."

Die positivste Eigenschaft seiner künftigen Ehefrau zu nennen macht ihm keine Mühe. Spontan kommt heraus: „Sie ist erst mal ein Kumpel. Sie hat Ziele vor Augen, auf die sie zugeht. Ist selbstbewußt, aber nicht um jeden Preis."

Eine „negativste" Eigenschaft fällt ihm nicht ein. „Habe ich keine bemerkt."

Liebe macht blind, könnte man da sagen — wenn nicht mit fast gleichlautenden Worten die Freundinnen ähnlich geantwortet hätten: „Keine, also wirklich."

Nicole selbst sieht sich kritischer. Sie sei „manchmal ein bißchen ungeduldig. Aber das hat sich durch die Arbeit mit den Pferden sehr gelegt. Da kann man nicht ungeduldig sein."

Was sie sonst an sich bemängelt — ihre schlechte Laune, die sie offen zeigt, wenn ihr etwas zeitlich nicht in den Kram paßt —, erklärt sie selbst im nächsten Satz: „Ich werde dann halt so grantig, weil ich nur an meine Pferde denke."

Nicoles Zukunftsvorstellungen heißen zu diesem Zeitpunkt ganz klar: ein Stall voller Pferde, nicht voller Kinder.

„Also, ich möchte — wir möchten — gern einen eigenen Stall aufmachen. Eigener Stall heißt: wirklich etwas Eigenes. Oder vielleicht gepachtet, je nachdem, unter welchen Bedingungen, in welchen Verhältnissen das abläuft. Und dann, okay, möchte ich, solange es geht, noch ein paar Turniere reiten. Ansonsten möchte ich mich gern auf die Ausbildung von jungen Pferden versteifen, vielleicht danach Verkauf. Aber was ich eben auch unheimlich gern mache, das ist Ausbildung von Reitern. Die müssen auf meine Reiterei stehen, weil ich ja ein anderes Verständnis von Reiterei habe — oder von Dressurreiterei, sagen wir mal so. Die müssen wirklich voll zu mir stehen, zu mir und zu meiner

Einen eigenen Stall möchten Nicole und Otto Becker aufmachen und „noch ein bißchen reiten".

Reiterei. Mit solchen Leuten kann ich unheimlich viel anfangen. Mir macht das dann sehr viel Spaß, wenn sie das annehmen und lernen wollen. Das sieht man ja auch an den beiden Schülerinnen, die ich jetzt habe. Das funktioniert sehr gut."

„Möchten Sie Kinder?"

„Eins, höchstens zwei, aber eines auf jeden Fall. Aber das hat noch Zeit. Erst mal ein bißchen was erleben, ein bißchen leben und ein bißchen reiten. Wenn man Kinder hat, ist man halt gebunden. Dann kann man das alles nicht mehr."

„Läßt sich Reiten mit Kindern nicht vereinbaren?"

„In meinem Fall nicht, so, wie ich das im Moment betreibe. Das geht nicht. Deshalb warte ich lieber noch ein bißchen. Ich habe ja noch ein bißchen Zeit. Viele kriegen ja erst mit 35 heute... Nein, ich sage mir einfach, man muß reif dafür sein. Vor allem, wenn ich jetzt ein Kind bekäme, dann hätte ich immer noch das Gefühl, daß ich etwas verpasse. Und das ist für eine Mutter-Kind-Beziehung nicht so toll. Deshalb warte ich lieber. Aber eins haben? Auf jeden Fall."

Barcelona 1992: Traumritte zum Gold

Feucht und schwer liegt die Sommerhitze auf Barcelona, der Stadt der Olympischen Sommerspiele 1992. Die katalanische Metropole dampft vor quirligem Leben. Touristen aus aller Welt bevölkern Straßen und Plätze. Noch Stunden nach Ende der Wettkämpfe in den verschiedenen Stadien, bis spät nach Mitternacht, schiebt sich der Menschenstrom über die Ramblas, die alten Prachtstraßen mit ihren Cafés, Bars und Verkaufsständen.

Das deutsche Dressurreiter-Team ist weit weg von all dem Trubel. In den Bergen außerhalb Barcelonas hat die Mannschaftsführung ein Landhaus angemietet, eine Idylle mit herrlichem Garten, schattenspendenden Bäumen und einem Swimming-Pool. Hier wohnt die „Szene", die Reiter mit ihren Familienangehörigen, Trainern, Pferdebesitzern und Sponsoren. Ein stilvolles Refugium, allerdings nach Nicoles Geschmack zu weit weg von den Pferden. Länger als eine Stunde dauert jeden Morgen die Fahrt zum Poloclub im Norden Barcelonas, wo die Reitwettkämpfe stattfinden.

Rembrandt gefällt es in Barcelona. Die Hitze macht ihm, wie vielen Blutpferden, nicht allzuviel aus. Trainiert wird nach einem ausgeklügelten System: Morgens Arbeit auf dem Dressurviereck, danach ein bißchen Spazierenbummeln auf der allerdings nicht allzu weitläufigen Anlage des Poloclubs, und zum Schluß noch ein bißchen Grasen auf dem grünen, gut gewässerten Rasen des großen Polofeldes. Auch Nicole fühlt sich wohl. Mit ihren Mannschaftskameraden, Monica Theodorescu, Isabell Werth und dem einzigen Mann im Team, Klaus Balkenhol, versteht sie sich bestens. Allenfalls ärgert sie sich über Presseberichte, die immer wieder ihr und Isabell Zank und Streit andichten wollen. Natürlich sind sie beide Konkurrentinnen, heiße Favoriten für die Goldmedaille in der Einzelwertung – und jede will gewinnen hier auf olympischem Parkett. Wenn sie das nicht wollten, wären sie nicht hier. In den beiden Sichtungsprüfungen, der Deutschen Meisterschaft in Balve und beim CHIO Aachen, hatte Isabell die Nase vorn. Hier wird man sehen – Nicole ist jedenfalls optimistisch.

Otto ist auch da. Mit dem deutschen Springreiter-Team wohnt er im Hotel Via Augusta in der Stadt – reichlich Gelegenheit, sich zu treffen und gemeinsam etwas zu unternehmen, zum Beispiel durchs Olympische Dorf zu bummeln, wo ein buntes Treiben von Sportlern aller Nationen und Hautfarben herrscht. Jürgen Uphoff murrt zwar hin und wieder, hat Angst, daß seine Tochter sich nicht genügend auf ihre olympische Aufgabe konzentriert. Aber Nicole setzt sich durch, wie schon so oft. Schließlich ist sie erwachsen.

Montag, 3. August. Grand Prix-Tag. Heute geht es um die Mannschaftsmedaillen. Die sicherste Goldmedaille des deutschen Sportbundes, heißt es. Aber auch die muß erst einmal gewonnen werden. Nicole ist als erste deutsche Reiterin ausgelost. Die Sitzreihen sind nur spärlich besetzt, eine Handvoll Spanier und einige deutsche Fans mit schwarz-rot-goldenen Fahnen. Schon beim Einreiten spürt Nicole: Rembrandt mag das Viereck. Die Zuschauer, die Fotografen, alles, was ihn sonst so leicht irritiert, ist weit genug weg. Nichts stört den sensiblen Braunen, lediglich der von den Hufen aufgewirbelte Sand prasselt laut an das weiße Umrandungsgitter. Rembrandt absolviert seine Aufgabe konzentriert und gehorsam. Die Richter greifen hoch in die Notenskala: 1768 Punkte. Die zweite deutsche Teilnehmerin, Monica Theodorescu, untermauert die Führung des Teams mit 1676 Punkten. Ein Klasseritt, auch wenn sich ihr Grunox einmal erschreckt.

Am nächsten Tag wird die Prüfung fortgesetzt. Isabell mit Gigolo erreicht mit einem schwungvollen Ritt

Rembrandt Borbet, zweimal Olympiasieger und ein „lebendes Kunstwerk", wie ihn TV-Kommentator Volker Tietze nannte, ebenso hingerissen von dieser Vorführung wie alle, die sie sahen.

nur sechs Punkte weniger als Nicole. Klaus Balkenhol ist erst spätnachmittags dran. Schon Stunden bevor er mit seinem Streifenpferd Goldstern einreitet, hat er die Goldmedaille so gut wie sicher. Aber auch er muß noch einmal sein Bestes geben, denn es geht nicht nur um die Mannschaftsmedaille, sondern auch um einen Startplatz im Grand Prix Special, der Einzelwertung. Nur drei Reiter pro Nation dürfen antreten.

Am Abend wird den deutschen Reitern, wie erwartet, die Goldmedaille umgehängt. Sie haben im Grand Prix Platz eins bis vier erreicht, die Konkurrenz mit sattem Vorsprung von mehr als 500 Punkten abgehängt. Zweiter werden die Holländer, dritter die Reiter aus den USA. Ein Wermutstropfen für Monica Theodorescu: Als „nur" viertbeste deutsche Reiterin darf sie nicht am Wettkampf um die Einzelmedaillen teilnehmen.

Am Dienstag ist Pause, da sind die Springreiter mit dem Nationenpreis dran. Otto hat weniger Glück als Nicole. Sein Holsteiner Lucky Luke kann sich überhaupt nicht mit den kargen Hindernissen des spanischen Aufbauers anfreunden. Das deutsche Team wird nur Elfter.

Mittwoch morgen fahren die Dressurreiter ganz früh in den Stall. Alles läuft ab wie jeden Tag: Trainieren, spazierengehen, grasen lassen, ein paar Stunden Ruhe. Die Startfolge ist umgekehrt wie die Plazierung im Grand Prix. Die drei deutschen Reiter sind als letzte dran, Nicole ganz zum Schluß. Diesmal sind die Zuschauerreihen gut gefüllt. Zum Glück ist es nicht ganz so drückend wie an den Tagen zuvor, aber immer noch warm genug. Mit Klaus Balkenhol auf Goldstern betritt der erste ernsthafte Anwärter auf eine Medaille das Viereck. Der brave Westfale zeigt sich von seiner besten Seite. Selbst seine kritische Lektion, die Einerwechsel, gelingt ohne Probleme. Bei Bekanntgabe der Noten steht fest: Das war mindestens die Bronzemedaille.

Isabell reitet als nächste ein. Dr. Schulten-Baumer, ihr Trainer, hat Reiterin und Pferd auf die Minute vorbereitet. Dynamisch und kraftvoll absolviert der erst neunjährige Gigolo die Lektionen, hier und da ein kleiner Fehler, aber insgesamt ein ausgezeichneter Ritt. Mit 1551 Punkten wird er benotet.

Nicole bekommt davon nichts mit. Harry Boldt geht mit ihr und Rembrandt draußen auf dem Vorbereitungsviereck noch einmal die wichtigsten Lektionen durch. Sie hat ein gutes Gefühl, ein sehr gutes Gefühl, als sie einreitet. Fast ist Rembrandt ihr zu ruhig, als sie die letzte Runde um das Viereck dreht. „Aufgewacht, Junge, es geht um Gold!" Ein Schenkeldruck, eine leichte Spornberührung – Rembrandt ist sofort wieder voll da, marschiert mit riesigen Tritten am Richterhäuschen vorbei. Die Aufgabe beginnt. Selbst die zappeligen Spanier sitzen für zehn Minuten ganz still. Fast andächtig schauen sie zu, wie Nicole und Rembrandt die schwersten Lektionen zelebrieren, die Übergänge vom starken Trab zur Passage und umgekehrt, ganz im Gleichmaß, ebenso die Piaffen, die Galoppwechsel, die Pirouetten. Alle spüren es, die Fachleute und die pferdefernen Laien: So muß Dressur aussehen. Rembrandt lauscht auf jede Hilfe, ist aufmerksam und doch gelassen, vertrauensvoll und entspannt. „Ein Ritt, bei dem einem die Schauer den Rücken herunterlaufen", sagt Chefrichter Wolfgang Niggli später. Die Richter geraten in eine Art Notenrausch. 1626 Punkte vermeldet die Anzeigetafel, als Nicole im Schritt am hingegebenen Zügel herausreitet. Das bedeutet zum zweiten Mal Olympiasiegerin, bedeutet die vierte Goldmedaille. Der Beifall prasselt auf Nicole nieder, will gar kein Ende nehmen, deutsche Fahnen werden geschwenkt, die Menschen stehen auf und klatschen.

Nicole ist vor allem geschafft. Die letzte Gerade vor dem Gruß, die letzte Piaffe hat Rembrandt fast alleine gemacht. „Ich konnte einfach nicht mehr", sagt sie. Draußen am Eingang stehen die Eltern, die Freunde. Isabell gratuliert. Und da steht Otto. Einen Moment fallen sie sich in die Arme. Aber viel Zeit für Gefühle bleibt jetzt nicht. Die Siegerehrung wird vorbereitet. Die Ordner stellen blaue Podeste auf. Eine ganze Flasche Wasser läßt sich Nicole von Otto über Haare und Gesicht schütten, Remmi wird mit nassen Tüchern gekühlt, und schon werden die drei Reiter in die Bahn gerufen. Equipechef Anton Fischer hat sein offizielles Siegergesicht aufgesetzt und schreitet stolz voran. Einzeln werden erst Nicole, dann Isabell und Klaus aufgerufen und erhalten ihre Medaillen. Als die schwarz-rot-goldene Fahne am Mast hochgeht, als Haydns Hymne erklingt, ist es mit Nicoles Fassung nahezu vorbei. Millionen am Fernsehschirm sehen, wie sie sich die Tränen aus den Augenwinkeln wischt. Und Remmi kaut im Hintergrund an seiner Kandare und kann nicht verstehen, warum so

Nach dem Ritt: Die Nervenanspannung läßt nach, die vielgerühmte Selbstbeherrschung zerbricht – vor der Freude kommen erst einmal ein paar Tränen.

Alle Einzelmedaillen einer Disziplin für ein einziges Land: Gold für Nicole, Silber für Isabell Werth, Bronze für Klaus Balkenhol – auch das hat es noch nie gegeben.

viele Menschen weinen, wo es doch nur Grund zur Freude gibt. Kaum ist der letzte Ton verklungen, zieht Nicole ihre beiden Mitstreiter zu sich aufs Podest und umarmt sie. Sozusagen stellvertretend für die ganze Welt.

Auch der schönste Tag geht zu Ende. Abends gibt es noch ein rauschendes Fest im Dressur-Landhaus. Alle sind gekommen, die in diesen Tagen mitgelitten und mitgezittert haben, die Militaryreiter, die zu Beginn der Spiele gleich als erste Reitsportmannschaft eine Bronze- und eine Silbermedaille vorgelegt haben, der sechsfache Olympiasieger Reiner Klimke, der diesmal eine andere Rolle probt, nämlich die des Pressesprechers der deutschen Olympiamannschaft, die Tierärzte, der Funktionärstross aus Warendorf, angeführt von Reiterpräsident Dieter Graf Landsberg-Velen, der die Reiter und Pfleger noch besonders auszeichnet. Bundeskanzler Helmut Kohl hat telegraphisch gratuliert, desgleichen Innenminister Wolfgang Schäuble.

Im Erfolg der Sportler sonnen sich auch die Politiker allemal gern.

Die Spannung der letzten Tage ist schlagartig vorbei, fröhliches Plaudern ist zu hören im Garten, dazwischen immer wieder unverkennbar das helle Gelächter von Isabell, die ihre Enttäuschung, „nur" Zweite geworden zu sein, schnell verwunden und Nicoles Leistung ohne Abstriche anerkannt hat. Aber irgend etwas führt sie im Schilde heute abend. Und die Militaryreiter auch. Kaum sind die Teller abgeräumt, ist auch schon klar, was. Die Meute greift sich als erstes Bundestrainer Harry Boldt. Ab in den Swimming-Pool und zwar in voller Montur. Es folgt einer nach dem anderen, Reiter, Freunde, Journalisten. Graf Landsberg kann gerade noch Portemonnaie und Pfeife beiseitelegen, bevor auch er dem kühlen Naß überantwortet wird.

Die Gesellschaft wird immer ausgelassener. Nur zwei sind längst weg, und zwar trockenen Fußes: Nicole und Otto. Und während die außer Rand und Band geratenen Reiter gerade unter allgemeinem Gejohle Vater Uphoff mit großem Schwung in den Pool werfen, sitzen die beiden in der Diele des Hauses und haben sich viel zu erzählen, von dem was war, und vor allem von dem, was vor ihnen liegt.

Gabriele Mohrmann-Pochhammer
Barcelona, den 6. August 1992

Stufen einer Traumkarriere

Am 25. 1. 1967 wird Nicole Uphoff in Mülheim an der Ruhr geboren.
Am 16. 3. 1977 wird Rembrandt 24 in Hamminkeln, Westfalen, geboren.
1987 zweifache Dressur-Europameisterin der Jungen Reiter (einzeln und mit der Mannschaft) in Cervia (Italien)
1988 zweifache Deutsche Meisterin in der Dressur, Verden
zweifache Goldmedaillengewinnerin, einzeln und mit der Mannschaft, bei den Olympischen Spielen in Seoul
Erste der Weltrangliste
1989 zweifache Deutsche Meisterin, Berlin
zweifache Europameisterin, Mondorf (Luxemburg)
Erste der Weltrangliste
1990 zweifache Weltmeisterin, Stockholm (Schweden)
1991 Vize-Europameisterin einzeln und Europameisterin mit der Mannschaft, Donaueschingen
1992 zweifache Goldmedaillengewinnerin, einzeln und mit der Mannschaft, bei den Olympischen Spielen in Barcelona